DÉFINIR LES FONCTIONS

Éditions d'Organisation
Groupe Eyrolles
61, bd Saint-Germain
75240 Paris Cedex 05
www. editions-organisation.com
www.editions-eyrolles.com

Remerciements à Philippe Bouix pour sa relecture attentive.

ISBN : 978-2-212-53936-3

Gérard VOIRIN

DÉFINIR LES FONCTIONS

Sixième édition

Sommaire

Introduction

La fiche de poste est un outil en soi. C'est en fait l'outil qui permet de décrire les missions et les attributions d'une personne. Généralement, il s'agit d'un document écrit qui fait également ressortir les délégations de responsabilité.

Nous avions éprouvé le besoin de mettre en forme cet ensemble de 55 fiches de fonction modèles car beaucoup de chefs d'entreprise, et principalement ceux pilotant des structures petites et moyennes, savent **quoi** faire mais n'ont pas de précisions sur le **comment**.

Ce livre est donc un ensemble de fiches de fonction modèles sur le **comment**. Il se propose de contribuer à améliorer l'organisation des entreprises en définissant les contenus possibles et à adapter de fiches de poste.

Notre expérience souligne combien il est important de pouvoir répondre aux questions : qui fait quoi ? Comment chacun se positionne par rapport à l'aval et l'amont de son poste ?

Nous avons voulu recenser le maximum d'activités et essayer d'identifier les responsabilités. La répartition et la formalisation des responsabilités permettent d'éviter les « vides » et les « empiétements de territoire » dans l'organisation. L'entreprise, l'établissement, le secteur d'activité, la fonction forment un tout et il est primordial que chacun sache comment et jusqu'où il peut et doit intervenir pour traiter les problèmes.

Il s'agit de disposer d'éléments écrits pour que chacun comprenne et contribue à l'amélioration des relations professionnelles et de la performance de l'entreprise.

Ces documents doivent permettre aux responsables, aux différents niveaux hiérarchiques et aux exécutants de se positionner correctement dans une structure, de clarifier leurs attentes les uns par rapport aux autres, bref, de mieux se comprendre et de traiter en commun les problèmes qui peuvent se poser.

Nous souhaitons toutefois attirer l'attention du lecteur sur les risques inhérents à l'utilisation de ces fiches de fonction modèles :

- Il n'y a pas forcément de liaison un-à-un entre les fiches de fonction modèles que nous proposons et les fiches de poste que vous allez rédiger. En effet, suivant la taille et/ou l'objet de votre entreprise, certaines fonctions pourront être tenues par un seul poste (par un seul titulaire). De la même façon une fonction pourra être répartie sur plusieurs postes.

- 55 fiches de fonction modèle pourquoi pas 100 ou 10 ? Parce qu'il est impossible de traduire, même à travers une multitude de listes, la variété et la spécificité de toutes les fonctions existant dans une organisation. Chaque entreprise devra donc considérer ces documents comme une base qu'elle devra adapter à ses particularités et réadapter selon son évolution. En effet, il ne s'agit pas d'identifier les fonctions une fois pour toutes, mais bien de doter l'entreprise d'un système d'organisation qui s'adapte à ses besoins. C'est pourquoi, il convient de construire une réelle dynamique à partir de ces fiches de poste.
- Les fiches de poste ne se décrètent pas. Elles se construisent, s'élaborent, se négocient avec les différents interlocuteurs. La négociation n'étant pas un exercice aisé, nous avons parfois constaté quelques difficultés dans les échanges. C'est pourquoi, nos réflexions nous ont conduit à vous proposer une méthode, décrite dans le tableau de répartition des responsabilités (TRR), qui vient faciliter la mise en forme des différents documents. Au fur et à mesure des éditions et des retours d'expérience, nous nous sommes rendus compte que le TRR devait devenir l'outil de génération des fiches de postes. C'est pourquoi il prend une place centrale dans cette édition.
- Le lecteur pourra constater dans nos fiches de fonction modèles des redites ou des redondances : notre document est un outil et non un modèle type. C'est un moyen qui doit faciliter la construction des fiches de poste propres à chaque entreprise.
- Le lecteur pourra relever, par rapport à son cas particulier, des lacunes, des oublis ou encore une abondance de détails et d'attributions qui n'ont pas lieu d'être. À ce constat, il convient d'apporter une explication : généralement, la description de la fonction placée hiérarchiquement en amont vous donne les éléments constitutifs des missions du poste que vous voulez définir en aval. Le système se construit comme une pyramide à l'envers.
- À de multiples reprises, il nous a été demandé de faire une distinction entre les termes, fonctions, missions et attributions. Nous tenons à préciser que les missions sont la raison d'exister d'une fonction. Les missions contribuent à l'atteinte des objectifs poursuivis par l'entreprise. Le nombre de missions est variable selon la fonction. Les attributions sont les activités ou tâches que le tenant du poste doit réaliser pour accomplir ses missions et remplir pleinement le rôle qui lui est imparti.

Il ne s'agit en aucun cas de partir du principe que la rédaction des fiches de poste va résoudre tous les problèmes d'organisation d'une entreprise. Mettre par écrit, et avec la participation de tous les différentes fonctions à assumer dans une entreprise est un réel travail de concertation, d'animation et de communication.

Très souvent, après une phase euphorique où tout le monde trouve intérêt à réaliser ce travail, beaucoup de problèmes surgissent. Il faut considérer cette situation comme normale et surtout ne pas vouloir l'idéaliser.

Notre propos n'est pas de construire à travers ces fiches de poste une organisation qui figerait l'entreprise ; bien au contraire, par la compréhension du « qui fait quoi », notre objectif est de rendre l'organisation beaucoup plus flexible, de permettre à l'entreprise d'intégrer plus rapidement tous les changements. Une entreprise qui se connaît gérera plus aisément les évolutions qu'une entreprise qui ignore ce sur quoi les changements vont porter.

Nous attirons également l'attention du lecteur sur le fait que nous traitons principalement de l'organisation des activités de gestion. Il ne s'agit pas de mécaniser les fonctions d'une entreprise mais simplement de permettre d'identifier comment l'ensemble des flux d'informations, de décisions et d'actions est pris en compte dans l'entreprise.

Nous sommes convaincus que la solution idéale est celle qui permet à l'entreprise de progresser et d'améliorer durablement sa compétitivité.

Enfin, nous mettons à votre disposition sur notre site (http://www.voirin-consultants.com/) un ensemble de plus de 1000 questions vous permettant de vérifier si vos fiches de postes couvrent l'ensemble des fonctions de votre entreprise.

Pourquoi la définition de fonctions ?

Pourquoi des fiches de poste ?

Organisation

La définition de fonctions permet d'améliorer de façon notable l'organisation des entreprises. Les fiches de poste sont la base d'un véritable **projet d'organisation** à travers lequel vous pourrez :

- définir les postes de manière précise ;
- définir l'organigramme de votre entreprise ;
- prendre en considération la communication entre les différents postes ;
- déterminer les thèmes pas assez ou mal traités ;
- permettre à vos collaborateurs d'organiser leur travail et effectuer un autocontrôle de leurs missions et de leurs attributions.

Gestion des ressources humaines

Des fiches de poste pertinentes et utilisées de manière dynamique trouvent naturellement leur place dans le processus « management des **ressources humaines** ». En effet, elles contribuent à répondre aux enjeux suivants :

- affecter des objectifs individuels ;
- évaluer la compétence des personnes ;
- rationaliser les formations ;
- servir de base aux recrutements et aux reclassements.

Amélioration continue

En suivant notre méthode fondée en partie sur des *métaverbes* d'action : *élaborer*, *décider*, *appliquer* et *gérer* (voir « Affecter les tâches au poste »), les fiches de poste déclineront pour chaque employé le principe de l'**amélioration continue.** Ces *métaverbes* peuvent être rapprochés de ceux de la roue de Deming :

- plan : élaborer et décider ;
- *do :* appliquer ;
- *check :* gérer ;
- *act :* gérer, puis de nouveau, élaborer.

Caractéristiques des fiches de poste

Pour atteindre les objectifs cités ci-dessus, votre jeu de fiches de poste doit répondre aux critères suivants :

- assurer l'exhaustivité des tâches ;
- ne pas contenir de recouvrement des tâches sur plusieurs fiches ;
- correspondre à l'organigramme ;
- être intégré au système de management de la qualité ;
- être remis à jour régulièrement.

De plus les fiches de poste devront contenir les rubriques suivantes :

1. **Missions** : cette rubrique énonce un ensemble de missions que l'entreprise est en droit d'attendre du titulaire de la fonction. Il est souhaitable que ces missions soient « orientées processus ».
2. **Objectifs** : cette rubrique répertorie l'ensemble des objectifs fixés par la hiérarchie et permet au détenteur du poste de se positionner dans l'accomplissement de ses missions ainsi que de rationaliser l'entretien individuel. Cette rubrique est « libre », c'est-à-dire que l'ouvrage ne donne ni consigne ni exemple.
3. **Attributions** : cette rubrique énonce un ensemble d'activités dont le titulaire du poste doit s'acquitter régulièrement et en respectant les échéances. Nous avons souhaité faire une nette distinction entre missions et attributions de façon à permettre à tous (responsables et subordonnés) de bien comprendre que les tâches quotidiennes qu'ils exécutent ne doivent pas être considérées comme une fin en soi mais comme une contribution à la réalisation des missions.
4. **Aptitudes** : cette rubrique regroupe l'ensemble des savoir-faire et savoir être nécessaires pour tenir un poste dans de bonnes conditions.
5. **Outils** : cette rubrique reprend une liste de formulaires, dossiers, procédures… devant *a priori* faire partie de l'environnement naturel de travail des titulaires des postes concernés. Il est bien évident que, d'une part, ces listes ne sont pas exhaustives, et d'autre part, elles sont à adapter en fonction des secteurs d'activité, du contenu précis des autres postes, des moyens disponibles, de l'efficacité… Il peut s'agir également des documents à produire.
6. **Fonctions placées sous la responsabilité du titulaire** : cette rubrique ne concerne qu'un nombre limité de postes. Elle n'est donc pas présente dans toutes les fiches.

L'ensemble des rubriques avec les définitions et des exemples est synthétisé sur la figure ci-après.

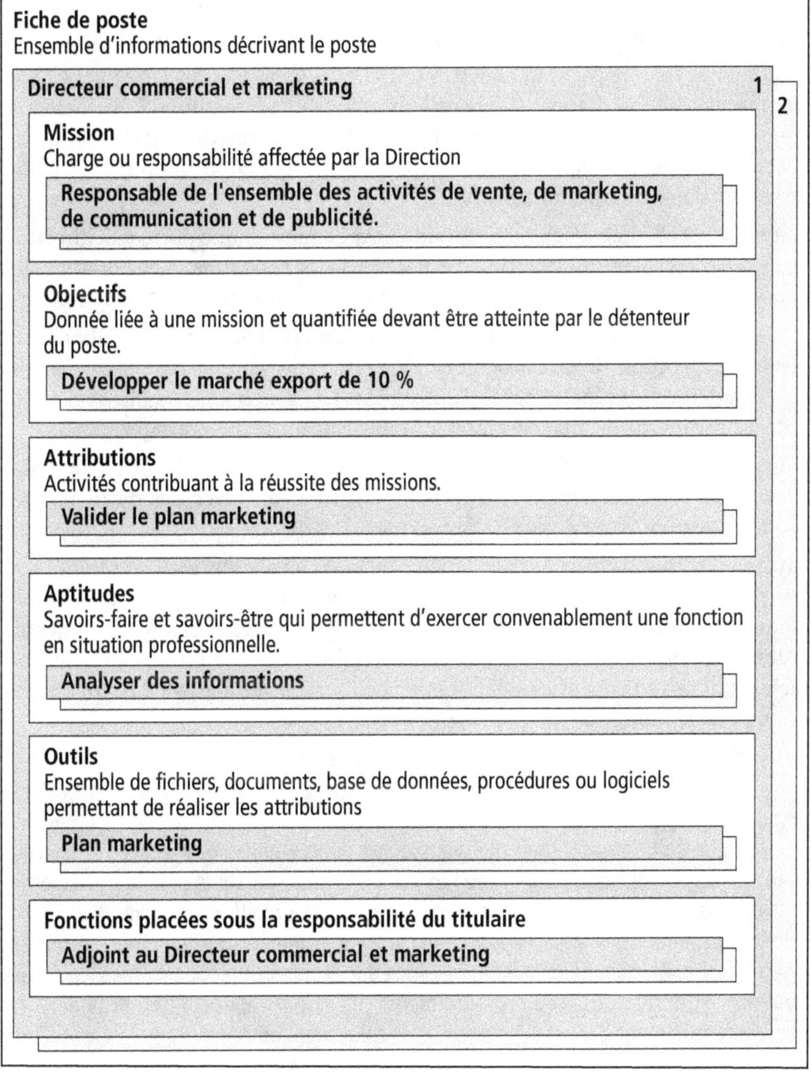

Fiche de poste
Ensemble d'informations décrivant le poste
Directeur commercial et marketing
1
2
Mission
Charge ou responsabilité affectée par la Direction
Responsable de l'ensemble des activités de vente, de marketing, de communication et de publicité.
Objectifs
Donnée liée à une mission et quantifiée devant être atteinte par le détenteur du poste.
Développer le marché export de 10 %
Attributions
Activités contribuant à la réussite des missions.
Valider le plan marketing
Aptitudes
Savoirs-faire et savoirs-être qui permettent d'exercer convenablement une fonction en situation professionnelle.
Analyser des informations
Outils
Ensemble de fichiers, documents, base de données, procédures ou logiciels permettant de réaliser les attributions
Plan marketing
Fonctions placées sous la responsabilité du titulaire
Adjoint au Directeur commercial et marketing

Figure 1 – Définitions et exemples de la fiche de fonction

La démarche à retenir : comment réussir ?

Il apparaît que la pratique conduit à prendre en compte la stratégie de l'entreprise et les collaborateurs en place à former ou à recruter. Dans tous les cas, il est préférable de commencer ce travail de formalisation, en en mesurant les éventuelles imperfections plutôt que d'attendre des conditions meilleures qui n'arrivent jamais.

Comme nous le précisait un chef d'entreprise : « Je préférerais faire de mes collaborateurs des missionnaires que de leur définir une fonction ». Positionnez le contenu de ces documents comme un outil devant permettre l'amélioration de la compétitivité globale de votre entreprise à travers l'implication de vos collaborateurs dans un ensemble évolutif.

La réussite sera directement conditionnée par l'attention que portera la direction à un tel projet. Une des causes d'échec est la précipitation. L'élaboration des fiches doit être participative et mise en œuvre (déclinée) du haut vers le bas.

Nous vous suggérons de lancer le processus en réfléchissant tout d'abord aux postes de direction (la direction générale et les cadres dirigeants) et en prenant en considération la stratégie de l'entreprise. La direction générale se réunira avec les cadres dirigeants, ensemble ils construiront le premier niveau.

Chaque cadre dirigeant pourra ensuite rédiger un projet de fiche de poste concernant ses collaborateurs directs en s'entretenant avec ces derniers. Des propositions pourront donc être faites de part et d'autre.

Chaque responsable procédera de même avec ses subordonnés. Il est important que chacun sache ce qu'il doit faire, qu'il ait participé au projet d'organisation mené au sein de l'entreprise et qu'il soit d'accord avec les missions, les objectifs et les attributions qui lui sont confiés. Mais il est aussi important que chacun sache où il se situe. Le système doit être conçu pour permettre à chacun d'identifier, pour le moins, ce qui précède et ce qui suit ses missions.

Vous allez être amené à définir des responsabilités.

Remarque

Quelle que soit l'organisation que vous aurez définie dans votre service, c'est vous qui en êtes responsable vis-à-vis de l'extérieur. Que ce soit sur le plan financier, organisationnel, voire judiciaire, c'est vous qui serez interpellé en premier. Il convient donc de permettre à vos collaborateurs d'avoir à leur disposition tout ce qui est nécessaire pour mener à bien leurs missions afin d'en assumer eux-mêmes les conséquences. Attribuer des missions surdimensionnées par rapport aux attributions ne sert non seulement à rien mais risque de se retourner contre vous.

Exemple : un responsable marketing doit pouvoir investir en publicité sinon il n'est pas responsable, il n'est qu'animateur ; le responsable c'est vous.

Le tableau de répartition des responsabilités (TRR)

Nous vous proposons dans ce paragraphe une méthode appelée « Tableau de répartition des responsabilités » (TRR). Elle a pour objectif de permettre :

- à l'entreprise, de recenser dans le détail les attributions de l'ensemble de ses collaborateurs afin de préciser les niveaux de responsabilité de chacun ;
- à l'entreprise également, de remédier aux dysfonctionnements mis en évidence en permettant une nouvelle répartition des rôles et des tâches ;
- à chacun, de connaître avec précision le contenu de son poste, et de se positionner correctement par rapport aux autres collaborateurs qui assument une responsabilité en amont ou en aval du poste considéré.

Le TRR se présente comme **un tableau dédié à un poste**. Dans l'exemple ci-dessous, le poste est celui de *Directeur commercial et marketing*. Nous utiliserons cet exemple pour illustrer la méthode décrite dans les paragraphes qui suivent.

TRR N°1 Fonction concernée : **Directeur commercial et marketing**					Directeur Général				Resp. marketing				Assistant des ventes				Ingénieur B.E.			
Élabore Décide Applique Gère les conséquences	Élabore	Décide	Applique	Gère	Élabore	Décide	Applique	Gère	Élabore	Décide	Applique	Gère	Élabore	Décide	Applique	Gère	Élabore	Décide	Applique	Gère
Politique commerciale																				
Politique de prix, conditions de vente	E		A			D			E							G				
Réseaux et méthodes de distribution	E		A			D			E							G				
Stratégie de prospection et de vente	E		A			D			E							G				
Marketing																				
Marketing mix de la société	E		A			D			E							G				
Adaptation ou abandon de produits existants	E		A			D			E							G			A	
Conception de nouveaux produits	E					D			E							G			A	

Le TRR permet de répartir la responsabilité des activités parmi les postes en liaison. Ici, pour la *Politique de prix et les conditions de vente* (ligne grisée), les responsabilités reviennent respectivement :

- au responsable marketing et au directeur commercial et marketing pour l'élaboration ;
- au directeur général pour la validation (décide) ;
- au directeur commercial et marketing pour la mise en œuvre (applique) ;
- à l'assistant des ventes pour la gestion des conséquences.

La figure suivante montre les différentes étapes de la méthode.

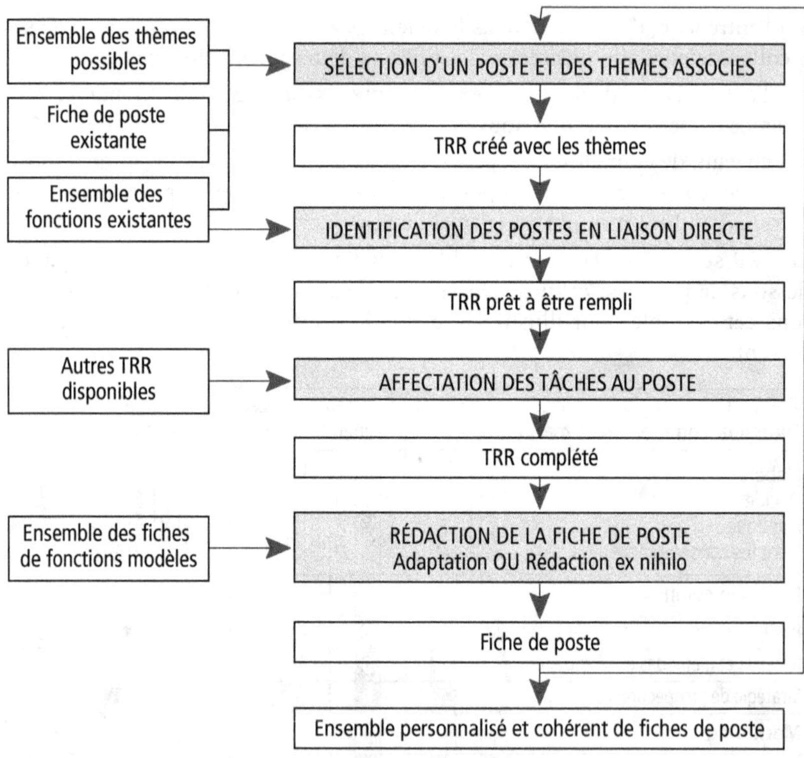

Figure 2 – Étapes de la méthode TRR

Sélectionner un poste et les thèmes associés

Après avoir créé votre TRR, notez en haut l'intitulé du poste traité.

Si une fiche a été précédemment établie pour le poste que vous traitez, vous pouvez l'utiliser pour réaliser l'énumération précise des thèmes qui la concernent.

Nous mettons à votre disposition les thèmes qu'une entreprise peut avoir à gérer (voir paragraphe « Liste des thèmes ») : par exemple, le plan marketing ou les modifications de tarifs. Ces éléments sont regroupés par domaine.

Exemple : le plan marketing est dans le domaine Marketing et les modifications de tarifs sont dans le domaine Politique commerciale (voir la figure ci-dessous).

Vous devez dans un premier temps sélectionner ceux qui vous concernent. Il se peut que certains des thèmes à traiter ne soient pas dans cette liste. Dans ce cas rajoutez-les.

Il peut être également nécessaire dans certains cas d'aller plus dans le détail. Nous ne pouvons que vous conseiller de produire un maximum d'informations.

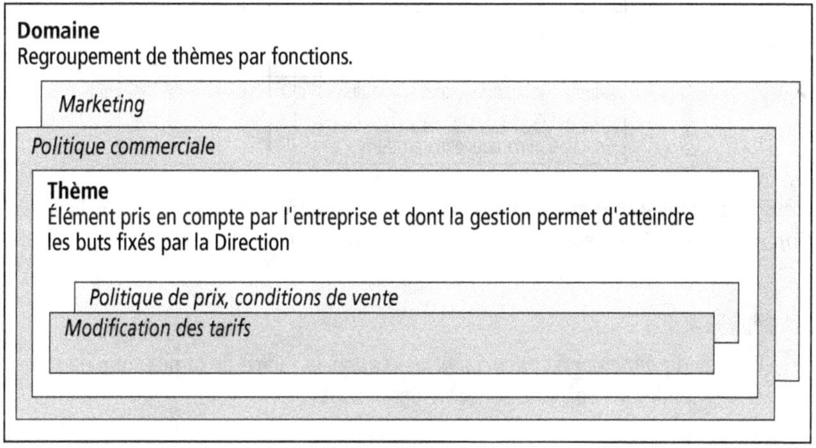

Domaine
Regroupement de thèmes par fonctions.
Marketing
Politique commerciale
Thème
Élément pris en compte par l'entreprise et dont la gestion permet d'atteindre les buts fixés par la Direction
Politique de prix, conditions de vente
Modification des tarifs

Figure 3 – Domaines et thèmes

Sur les lignes de votre TRR, vous notez l'ensemble des thèmes sélectionnés classés par domaines (voir la zone grisée dans l'exemple ci-dessous).

Identifier les autres postes en liaison directe

Ces postes sont, d'une part ceux avec qui vous travaillez en relation directe, et d'autre part ceux qui, de façon moins directe, auront à prendre en compte et donc à gérer les conséquences des actions prises à votre niveau. Ces « acteurs » recensés, vous les positionnez dans les en-têtes de colonnes, à raison d'un par colonne. Vous-même constituez la première colonne de votre TRR.

TRR N°1 Fonction concernée : **Directeur commercial et marketing**								
Élabore Décide Applique Gère les conséquences	Élabore	Décide	Applique	Gère	Élabore	Décide	Applique	Gère
Politique commerciale								
Politique de prix, conditions de vente								
Réseaux et méthodes de distribution								
Modifications des tarifs								
Stratégie de prospection et de vente								
Marketing								
Marketing mix de la société								
Plan marketing								
Adaptation ou abandon de produits existants								
Conception de nouveaux produits								

Thèmes sélectionnés classés par domaine

Afin d'être plus exhaustif, vous pouvez pour chaque thème vous poser la question suivante : Quels sont les acteurs concernés par celui-ci ?

EXEMPLE

En plus du *directeur commercial et marketing*, le thème de la politique de prix et des conditions de vente concerne également :

- *le responsable marketing ;*
- *le directeur général ;*
- *l'assistant des ventes.*

En revanche, la conception de nouveaux produits concerne non seulement :

- *le directeur commercial et marketing ;*
- *le responsable marketing ;*
- *le directeur général ;*
- *l'assistant des ventes ;*

mais également l'*ingénieur du bureau d'études* qui est partie prenante dans la réalisation de ce produit.

Ces postes sont reportés dans les en-têtes de colonne (en grisé dans le tableau ci-contre).

Poste étudié — Postes en liaison avec le poste étudié

TRR N°1 Fonction concernée : **Directeur commercial et marketing**					Directeur Général				Resp. marketing				Assistant des ventes				Ingénieur B.E.			
Élabore Décide Applique Gère les conséquences	Élabore	Décide	Applique	Gère	Élabore	Décide	Applique	Gère	Élabore	Décide	Applique	Gère	Élabore	Décide	Applique	Gère	Élabore	Décide	Applique	Gère
Politique commerciale																				
Politique de prix, conditions de vente																				
Marketing																				
Marketing mix de la société																				

Les lignes et les colonnes une fois définies, nous vous conseillons de discuter de votre TRR soit avec votre direction générale, soit avec votre supérieur hiérarchique direct afin que vous puissiez vous assurer que votre TRR soit le plus exhaustif possible et **donc complet.**

Affecter les tâches au poste

C'est dans cette étape que vous allez :

- déterminer les activités à traiter en rapport avec les thèmes sélectionnés ;
- attribuer les responsabilités des activités au poste que vous traitez.

Chaque thème donne généralement lieu à des activités définies par un verbe.

Exemple : le plan marketing doit être conçu, validé, mis en œuvre et contrôlé.

Les verbes sont classés en 4 catégories identifiées par des méta verbes : élaborer, décider, appliquer et gérer (voir le paragraphe « Liste des verbes ») qui sont représentatifs de quatre niveaux de responsabilité existants dans votre entreprise. Ils sont associés dans le TRR à leur initiale (Elaborer, Décider, Appliquer et Gérer).

Remarque

Si vous avez commencé à élaborer des TRR, récupérez ceux dans lesquels ce poste ou les thèmes sélectionnés apparaissent. Reportez ces informations dans le TRR que vous remplissez. Ceci permet de visualiser les activités déjà prises en compte par les fonctions limitrophes à celle que vous êtes en train de traiter. Voir les parties grisées dans le tableau page suivante.

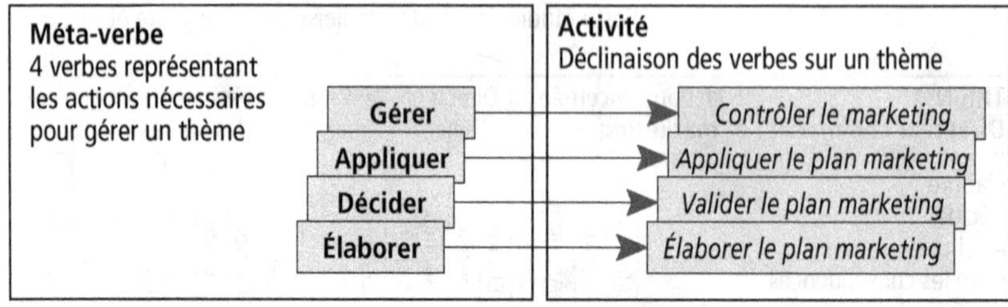

Figure 4 – Méthode de génération des activités

Pour chacun des thèmes, isolez les activités qui ne sont pas encore attribuées. Pour les premiers TRR les thèmes auront 4 activités issues des 4 méta verbes.

Pour chacune de ces activités, déterminez le ou les acteurs qui en sont responsables en vous posant la question : « Pour quel niveau de responsabilité ? ».

Une fois les responsabilités attribuées, inscrivez aux intersections ligne/colonne de votre TRR les lettres correspondantes (E pour élaborer, D pour décider, A pour appliquer et G pour gérer).

TRR N°1 Fonction concernée : **Directeur commercial et marketing**					Directeur Général				Resp. marketing				Assistant des ventes				Ingénieur B.E.			
Élabore Décide Applique Gère les conséquences	Élabore	Décide	Applique	Gère	Élabore	Décide	Applique	Gère	Élabore	Décide	Applique	Gère	Élabore	Décide	Applique	Gère	Élabore	Décide	Applique	Gère
Politique commerciale																				
Politique de prix, conditions de vente						D			E							G				
Modification des tarifs						D			E							G				
Stratégie de prospection et de vente						D			E											
Marketing																				
Marketing mix de la société						D			E							G				
Conception de nouveaux produits						D			E							G			A	

EXEMPLE

Si on étudie le thème *Politique de prix, conditions de vente* il est traité trois fois :

– le *responsable marketing* élabore la *Politique de prix, conditions de vente* (E pour élaborer) ;

…/…

– le *directeur général* valide ce thème (**D** pour décider) ;

– l'*assistant de vente* traite avec les clients de ces conditions (**G** pour gérer).

Mais personne ne le met en œuvre (appliquer). *A priori*, ce sera sous la responsabilité du *directeur commercial et marketing* que ce thème sera mis en œuvre.

Mais le *directeur commercial et marketing* contribuera également à l'élaboration.

On mettra donc les lettres **E** et **A** dans le TRR. Voir ci-dessous.

Remarques

- Toutes les intersections ne sont pas nécessairement concernées par une lettre.
- Par ligne vous ne pouvez faire figurer qu'une seule fois la lettre **D** (décide, est responsable de). En effet par thème vous ne pouvez avoir qu'un seul décideur.
- En revanche, il est tout à fait possible de faire figurer sur une même ligne plusieurs fois les autres lettres, de même que dans une intersection peuvent figurer plusieurs lettres (dans une PME, le directeur commercial peut être en charge d'élaborer et de valider le plan marketing)

TRR N°1 Fonction concernée : **Directeur commercial et marketing**					Directeur Général				Resp. marketing				Assistant des ventes				Ingénieur B.E.			
Élabore Décide Applique Gère les conséquences	Élabore	Décide	Applique	Gère	Élabore	Décide	Applique	Gère	Élabore	Décide	Applique	Gère	Élabore	Décide	Applique	Gère	Élabore	Décide	Applique	Gère
Politique commerciale																				
Politique de prix, conditions de vente	E		A			D			E											
Modification des tarifs						D			E							G				
Stratégie de prospection et de vente						D			E							G				
Marketing																				
Marketing mix de la société						D			E							G				
Conception de nouveaux produits						D			E							G			A	

Nous vous conseillons de faire le point avec votre supérieur hiérarchique, afin de s'assurer que :

- votre poste est décrit d'une manière homogène et dans son ensemble ;
- vous avez bien la même perception du positionnement de votre poste en termes de niveau de responsabilité ;
- les thèmes entrant dans vos domaines sont bien traités par les postes limitrophes au vôtre.

Cette étape peut mettre en évidence les points de désaccord ou d'incompréhension et ensemble, c'est-à-dire votre supérieur hiérarchique et vous-même devez en discuter et y remédier.

Profitez également de cette étape pour préparer (ou revoir ou valider) les liens hiérarchiques.

Et puis, faites un point sur vous et votre poste (voir le paragraphe « Entretien annuel »).

La conclusion débouche sur votre TRR validé et accepté par votre supérieur hiérarchique et vous, et est l'équivalent d'un engagement respectif quant au contenu de votre poste et à l'étendue de vos responsabilités.

Rédiger la fiche de poste

Adaptation des « fiches de fonction modèles »

Les fiches de définition de fonctions fournies avec cet ouvrage ont été conçues à partir de l'expérience acquise dans les PME-PMI. C'est une réponse aux préoccupations de ces entreprises. Les grandes entreprises, pour lesquelles les structures et les problèmes à traiter sont d'une échelle tout autre, peuvent néanmoins tirer avantage à organiser leur établissement en s'aidant de ce document.

Les fiches de définition de fonction modèles constituent des **fiches types adaptables et à adapter**, à partir desquelles vous pourrez facilement établir celles de vos collaborateurs. Voir la liste paragraphe « Liste des fiches de fonction modèles ».

Elles ne constituent en aucun cas un schéma idéal, mais doivent être considérées comme une **liste** des questions que vous devez vous poser lors de l'élaboration des fiches de fonction des collaborateurs de **votre** entreprise. Les fiches présentées devront ainsi être retravaillées de façon à construire le schéma (l'organisation) spécifique à votre entreprise en tenant compte :

- de son activité, de ses résultats, de ses moyens ;
- des personnes en place et de leurs compétences, ainsi que des postes que vous pensez créer ;
- du passé de l'entreprise, mais aussi et avant tout, de ses objectifs à moyen et long termes.

Certaines fiches pourront alors être regroupées, d'autres éclatées.

EXEMPLE

Il est probable que les différentes fonctions de la direction administrative et financière soient réparties entre plusieurs personnes. Suivant la taille de votre entreprise, certains postes comme la fonction marketing, la recherche et développement ou le service qualité, n'ont peut-être pas encore été créés en tant que tels, mais la responsabilité en incombe à des personnes qui ont également d'autres missions et attributions.

Les activités attachées à la sécurité ont été attribuées à la fonction « Responsable sécurité ». Si dans votre entreprise ces activités sont assurées par le responsable de production, le contenu de la fiche « Responsable sécurité » devra être transféré dans la fiche poste « Responsable production ».

Vous procéderez ainsi à une opération d'adaptation.

Remarques

• Assurez-vous que tous les thèmes nécessaires au bon fonctionnement de votre entreprise sont dans la liste que nous mettons à votre disposition (voir page 00).

Exemple de risque : si vous avez un lien privilégié avec la presse (lobbying, marketing, etc.) et que vous vous contentez de reprendre les fiches, les activités associées à ce lien privilégié ne seront pas attribuées. En effet, le thème ne fait pas partie du jeu que nous mettons à votre disposition.

• Lorsque vous décidez de ne pas sélectionner une fiche, listez toutes les rubriques qui y sont rattachées et affectez-les immédiatement à d'autres fiches.

Exemple de risque : si nous avons attribué la validation du plan marketing à la fonction de responsable marketing et que vous décidez de ne pas sélectionner cette fonction, les activités qui y sont rattachées, dont la validation du plan marketing, risquent d'être perdues.

• Lorsque vous transférez un élément d'une fiche vers une autre, supprimez-le immédiatement de l'ancienne fiche.

Exemple de risque : en transférant la validation du plan marketing du responsable marketing vers le directeur commercial, cette activité peut rester dans la fiche responsable marketing. De là, le responsable marketing pourra lancer le plan sans avoir consulté la hiérarchie.

• Recoupez scrupuleusement les activités dans la fiche de fonction obtenue avec celles du TRR.

Par convention, la plupart des dénominations de fonction sont neutres (responsable, etc.). Quand cela n'a pas été possible, et afin de ne pas alourdir l'ouvrage, nous avons fait le choix de ne garder que le masculin. Ainsi nous ne parlons pas d'assistante de direction mais d'assistant de direction.

Vous trouverez en bas de ces fiches de fonction modèles une rubrique intitulée « Autres titres pour cette fonction ». Il s'agit soit des titres donnés dans des entreprises pour des fonctions comparables à la fiche en question, soit des fonctions concernées par une partie des missions et des attributions décrites dans la fiche.

Remarque

Il peut être tentant de mettre en place son jeu de fiches de fonction en n'utilisant que cette étape c'est-à-dire sans passer par la méthode TRR. Par retours d'expérience nous savons que ce raccourci présente le danger d'une absence de cohésion et en particulier :

- thèmes absents ;
- activités attribuées plusieurs fois ;
- activité non traitée.

Création *ex nihilo*

Il est bien sûr possible de rédiger directement une fiche de poste en fonction du TRR. Dans ce cas, la méthode ne vous fournit que :

- la dénomination de la fonction ;
- les activités.

Il vous faudra donc créer :

- les missions ;
- les aptitudes ;
- les liens hiérarchiques (voir le paragraphe « Organigramme »).

Les objectifs

Comme nous l'avons dit dans la présentation des fiches, nous ne proposons pas d'objectifs. En effet, ceux-ci dépendent trop de votre activité et les exemples que nous aurions pu donner auraient été difficilement adaptables.

Nous vous conseillons de prendre les objectifs définis dans le manuel qualité. Vous pouvez profiter de cette occasion pour revoir l'ensemble des objectifs ainsi que leur adéquation avec le poste. Dans l'idéal, tous les objectifs des fiches de postes devraient se retrouver dans le manuel qualité et réciproquement. En effet, tous les postes sont censés contribuer à la qualité totale.

Les aptitudes

Il s'agit des savoir être et savoir-faire mais pas des niveaux de qualification. En effet, remplir la fonction commerciale dans une PME de 15 personnes ou dans un groupe de 1 000 personnes ne nécessite pas, entre autres, les mêmes diplômes ; la promotion interne pouvant valoir par ailleurs bien des diplômes (Voir le paragraphe « Liste des aptitudes »).

Il vous appartiendra donc, si vous le souhaitez, d'inscrire dans cette rubrique la qualification nécessaire.

Autres usages des fiches de poste

Entretien annuel

Au cours de cet entretien, les fiches de fonction permettent de manière objective :

- d'évaluer les performances ;
- de redéfinir éventuellement les missions, les objectifs et les attributions qui y sont rattachées.

Grâce aux objectifs quantifiés, l'employé et son supérieur hiérarchique pourront faire le point sur l'état des indicateurs et les comparer aux objectifs fixés. En cas d'échec, ils pourront en étudier les raisons en s'appuyant sur les attributions qui concourent à ces objectifs.

À partir de ces conclusions, ils pourront prendre des actions correctives comme redistribuer des attributions ou des missions. Certains objectifs pourront être revus à la baisse (ou à la hausse).

La pratique de l'entretien annuel d'appréciation a souligné cette nécessité qui permet d'impulser du dynamisme au système.

Embauche - Reclassement - Formation

Lorsque vous embauchez un nouveau salarié, il est impératif d'établir la description de son poste et d'intégrer sa fonction au sein de l'organisation. De plus, n'oubliez jamais de faire un plan d'intégration afin d'avoir un outil de dialogue avec le nouvel embauché.

En cas de reclassement, la rubrique « Aptitudes » permettra de chercher le ou les postes qui correspondent le mieux aux employés.

Si vous complétez la rubrique « Aptitudes » en y incluant les qualifications nécessaires, les fiches de fonction pourront servir de base au plan de formation.

Organigramme

Pour ce qui concerne l'élaboration de l'organigramme de votre société, les relations hiérarchiques apparaissant éventuellement dans les modèles de fiches de définition de fonctions sont indicatives.

Nous vous suggérons d'élaborer cet organigramme selon un processus équivalent à celui de l'élaboration des fiches de poste, en consultant le maximum de collaborateurs dans l'entreprise.

Vous pouvez dans un premier temps « calquer » l'organigramme existant dans les fiches de poste. Nous répétons qu'il ne faut pas attendre que les conditions soient bonnes mais entamer la procédure et ajuster par la suite en cas de besoin.

Dynamisme

Les fiches de définition de fonction et l'organigramme constitueront un **cadre de fonctionnement de l'entreprise.** Celui-ci doit être **dynamique.** Les fiches de définition de fonction, comme l'organigramme, doivent évoluer régulièrement.

C'est au cours des entretiens individuels et des audits du système de management que votre attention pourra être attirée sur des points de dysfonctionnement. Ces derniers devront être réglés en collaboration avec les acteurs concernés.

Annexes

Liste des verbes

Cette liste non exhaustive peut vous servir à trouver de quel méta verbe dépend le verbe d'une activité. Vous pouvez aussi vous en servir pour trouver un verbe plus précis, mieux adapté que celui que vous utilisez.

Élaborer		
Simuler	Conseiller	Préparer
Conseiller	Concevoir	Recommander
S'informer	Participer	Rechercher
Orienter	Consulter	Donner son avis
Recenser	Rapporter	Analyser
Soumettre	Détecter	Présenter
Identifier	Communiquer	Mettre en évidence
Transmettre	Étudier	Renseigner
Examiner	Prévenir	Évaluer
Demander	Estimer	Réfléchir
Proposer	Définir	Participer à
Décider		
Choisir	Autoriser	Fixer
Déterminer	Spécifier	Réviser
Ordonner	Donner son accord	Diriger
Établir	Piloter	Vérifier
Conduire	Suivre	Inspecter
Surveiller	Veiller à	Maintenir
Entretenir	S'assurer de	Valider
Garantir que	Approuver	Être responsable de
Contrôler	Superviser	
Appliquer		
Effectuer	Faire	Tenir à jour
Réaliser	Produire	Mettre au point
Mettre en place	Accomplir	Exécuter
Appliquer	Mettre en œuvre	
Gérer (les conséquences - les répercussions)		
Anticiper	Prendre en compte	Tenir compte
Prévoir réagir	Intégrer	

Liste des thèmes

Cette liste non exhaustive peut être utilisée pour préciser le contenu d'une fonction, le titulaire devant compléter par le verbe d'action qui le concerne.

Développement

Vocation de l'entreprise
Objectifs à moyen et long termes dans le cadre stratégique de la société
Contact avec la profession
Contact avec les organismes interprofessionnels et socio-économiques
Organigramme
Politique financière
Relations avec les banquiers
Études d'investissements dans le cadre des procédures de la société
Validation juridique des investissements
Politique industrielle
Contact avec les fournisseurs importants
Définition des investissements techniques
Validation technique des investissements
Acquisitions de nouveaux investissements
Adaptation des effectifs de la société
Politique qualité
Politique commerciale
Mise en gamme de produits nouveaux. Abandon de produits existants. Contact avec les clients potentiels importants

Finances

Objectifs et modifications de structure financière
Analyses financières de synthèse de la société
Financements nécessaires à l'activité de la société
Trésorerie dans le cadre du plan
Tableaux de bord financiers
Tableau des conditions bancaires
Caisses de la société
Choix des banques
Informations de synthèse nécessaires à la négociation avec les partenaires financiers
Négociation avec les partenaires financiers
Prise de décision finale concernant le choix des financements
Financements à long et moyen terme

Plan de financement annuel
Nouvelles sources de financement
Dossiers de demandes de prêts
Calendrier d'élaboration des budgets et des documents prévisionnels
Résultats périodiques
Analyse des écarts entre réalisés, plans, budgets et objectifs
Information aux fonctions concernées par des écarts constatés par rapport aux prévisions
Normes concernant les conditions de paiement fournisseurs
Procédures concernant les reports éventuels de paiement
Respect des échéances programmées
Analyses des bilans des clients dont les relations avec la société le justifient
Niveau d'assurance clients de la société
Procédures concernant les risques clients
Suites à donner à toutes les procédures contentieuses
Dossiers de demandes de subvention
Provisions facultatives

Gestion commerciale

Plan marketing
Tarifs de vente
Taux de remise
Conditions et délais de paiement clients
Taux d'intérêt de retard demandé aux clients
Conditions générales de vente (transport, etc.)
Mises en fabrication pour les clients dont la solvabilité n'est pas reconnue
Expéditions pour les clients dont la solvabilité n'est pas reconnue
Information hebdomadaire sur les litiges clients
Suites à donner aux litiges
Budget commercial
Tableau de bord commercial
Budget de publicité
Budget de promotion
Budget de communication
Politique de communication
Contacts jugés utiles avec les clients importants
Calendrier des participations aux manifestations commerciales
Information à jour et permanente concernant la concurrence

Gestion industrielle

Choix industriels
Technologies nouvelles à mettre en œuvre, évolution
Analyses de la valeur réalisées par la société
Changements de processus de fabrication
Normes de coût de revient
Niveau de stocks nécessaires à la production
Budget de production
Budget des services techniques fonctionnels
Activités de production
Développement technique de l'entreprise
Services de production
Services de maintenance
Services techniques fonctionnels
Services d'études et d'essais
Rapport délai, qualité/coût de la fabrication des produits
Productivité du parc machines
Productivité des ressources humaines
Évolution du processus de fabrication
Projet de GPAO et autres XAO
Projets d'investissements
Organisation de la production
Utilisation des moyens de production déjà en place
Coûts cachés en production
Solutions techniques adaptées aux besoins spécifiques des clients
Évolution des moyens de production de la société
Traitement en négoce, sous-traitance, production des produits commercialisés
Mise au point des nouveaux produits
Mise au point des nouveaux processus
Problèmes de non-qualité des produits
Normes de qualité
Normes de délais de production à annoncer aux clients
Analyses du tableau de bord de la qualité

Gestion des ressources humaines

Réunions du personnel
Information du personnel au sujet des politiques et objectifs de la société
Information du personnel au sujet du développement économique et social
Systèmes de rémunération

Niveaux et ajustements des salaires et des appointements de la société
Avantages sociaux
Embauches, mutations, promotions, sanctions disciplinaires
Définitions de fonctions des collaborateurs directs
Révision périodique des définitions de fonctions lors des entretiens d'appréciation
Règlement intérieur de la société
Adéquation de la formation des salariés aux besoins de l'entreprise
Plan de formation de la société
Information des collaborateurs de l'exploitation, de la situation
Évolution de la société sur le plan social
Motivation du personnel de la société
Accueil dans l'entreprise
Contrats de travail
Fichier du personnel
Règlements internes en matière de classification
Règlements internes en matière de qualification
Paye du personnel
Congés payés
Régimes de retraite et de prévoyance dans l'entreprise
Déclarations sociales réglementaires
Évolution de la législation sociale
Budget de formation
Centralisation des besoins en personnel
Budgets sociaux
Tableau de bord du personnel
Statistiques concernant le personnel
Bilan social de la société
Réunions du personnel
Élections du personnel
Réunions des représentants du personnel
Contacts courants avec les représentants du personnel
Diffusion de toutes les informations obligatoires auprès des salariés
Conditions de travail de l'entreprise
Règlement des conflits individuels ou collectifs
Information montante et descendante de la société
Représentation de la société auprès de l'Inspection du travail et de tout organisme social
Suivi de l'évolution de la convention collective
Information sur les niveaux de rémunération dans la profession

Comptabilité

Tenue de la comptabilité générale
Tenue de la comptabilité clients
Tenue de la comptabilité fournisseurs
Tenue de la comptabilité banques et de la trésorerie
Production des bilans (trimestriels) et comptes de résultat (mensuels) de la société
Conformité des documents comptables aux exigences légales
Accueil des Commissaires aux comptes et des Vérificateurs
Production de l'ensemble des déclarations comptables
Production des déclarations fiscales
Production des déclarations sociales ou à caractère économique
Recouvrement des créances échues
Suivi de l'évolution de la législation dans le domaine comptable

Juridique – Fiscal

Application des législations et des règlements
Protection de la société sur le plan juridique
Établissement de toutes les déclarations à caractère juridique
Relations avec la direction des Impôts
Agréments fiscaux avec l'Administration
Dossiers contentieux avec les administrations
Relations avec les avocats
Suivi de la législation et des règlements dans le domaine fiscal, comptable, social, juridique
Études juridiques au sein de la société
Protection des marques, des brevets, etc.
Projets d'actes courants (assemblées générales, conseils d'administration, etc.)
Contrats d'assurance de la société

Contrôle de gestion – Planification

Comptabilité analytique d'exploitation
Tableaux de bord économiques
Marges sur ventes
Calcul des coûts standards et des coûts de revient
Analyses nécessaires à l'élaboration des tarifs
Ensemble des procédures budgétaires de la société
Tableau de bord de la société
Plans d'investissements

Plans de financement
Plans de trésorerie
Études de rentabilité
Procédures de gestion prévisionnelle au sein de la société
Séries ou taille des lots à mettre en fabrication

Information et organisation

Définition et application des procédures
Application des procédures internes, constat des anomalies, corrections
Conception de l'organisation générale du traitement de l'information sur ordinateur
Actions de maintenance matériel et logiciel informatiques
Amélioration ou changement du matériel informatique
Rapport avec les sociétés de services
Mise en route des applications informatiques
Sauvegarde de toutes les procédures et traitements informatiques
Exploitation informatique des données
Qualité et fiabilité des informations
Disponibilité des données chiffrées de nature à préparer les décisions
Cahier des procédures internes
Formation du personnel aux procédures mises en place
Développement des nouvelles applications
Planning des mises en place
Gestion de la documentation

Production

Plannings de fabrication
Respect des objectifs de production et des délais de fabrication acceptés
Bilan matière
État prévisionnel de l'occupation du matériel de production
État prévisionnel de la charge de travail du personnel
Modifications des horaires
Cahiers de charges pour achats et approvisionnements
Spécifications techniques des produits achetés
Quantités à approvisionner
Interventions du service entretien-maintenance
Entretien préventif régulier du parc machines
Respect des normes réglementaires de sécurité pour l'ensemble des installations
Implantation du nouveau matériel

Inventaire du parc machines
Hygiène et sécurité
Mesures préventives concernant la sécurité dans l'entreprise
Écoute du client pour déterminer les critères de qualité auxquels doit répondre le produit
Respect des délais
Cohérence du planning par rapport à la réalité de la production
Cohérence du carnet de commandes en cours
Mise à jour permanente du planning
Activité des services études et méthodes

Communication administrative

Téléphone
Courrier
Réunion
Liens interservices

Qualité – Sécurité – Environnement

Registres obligatoires relatifs à la sécurité
Évaluation des Risques Professionnels
Procédures Environnement
Procédures Hygiène Sécurité et Conditions du travail
Respect des normes environnementales
Coûts d'obtention de la qualité (COQ)
Intervention des entreprises extérieures
Plan d'actions HST
Accident du travail - Maladie professionnelle
Veille réglementaire en sécurité
Produits dangereux
Procédures d'urgence
Installation classée pour l'environnement
Prévention des risques professionnels
Contrôles périodiques
Réception de matériels
Tableaux de bord de la sécurité
Rapports avec l'Inspection du Travail, la Médecine du Travail, la CRAM
Formations sécurité
Comité Hygiène Sécurité et Conditions du travail
Études de nature à atteindre l'objectif « QUALITÉ TOTALE »
Système de management de la qualité

Revues de direction qualité
Relations avec les clients
Enregistrements relatifs à la qualité
Politique qualité
Moyens de vérification
Représentant de la direction
Définition des responsabilités
Audits qualité internes
Actions correctives
Respect des normes réglementaires de sécurité pour l'ensemble des installations
Politique environnementale
Organismes certificateurs
Tableaux de bord de la qualité
Problèmes de non qualité
Politique HSCT

Autres

Diffusion de toute information
Gestion des biens immobiliers de la société
Déplacements
Délégations
Assistance
Fournitures de bureau
Accueil visiteurs

Listes des aptitudes

Cette liste non exhaustive peut être utilisée pour compléter la rubrique « Aptitudes ». Les aptitudes ont été classées par catégorie. Certaines aptitudes auraient pu l'être dans plusieurs catégories.

Aptitudes à la communication

Argumenter et convaincre
Appliquer les techniques de communication
Médiatiser des informations
S'exprimer de façon claire et concise
Présenter une image positive de l'entreprise
Entraîner son équipe à adhérer au projet d'entreprise
Capacité à rendre compte

Pensée logique et critique

Analyser des informations
Percevoir et synthétiser des problèmes
Mémoriser des informations pour traiter rapidement les demandes
Synthétiser et présenter clairement des informations
Comprendre une demande
Anticiper et apprécier la charge de travail pour la planifier

Créativité, esprit novateur

Proposer des modifications dans les produits et les équipements utilisés
Faire preuve de créativité et d'anticipation pour concevoir et formuler des propositions

Capacité de travailler en équipe

Organiser et répartir le travail d'une équipe de collaborateurs
Être à l'écoute des attentes d'autrui
Prendre des avis éclairés, apprécier les arguments développés avant de décider
Échanger des informations avec les collaborateurs
Créer une relation de partenariat
Développer des liaisons techniques et fonctionnelles
Savoir déléguer

Confiance en soi et esprit d'initiative

Réagir rapidement aux problèmes
S'adapter à des tâches diverses
S'adapter à un rythme et à des méthodes de travail spécifiques
Traduire en plans d'action concrets les résultats des investigations théoriques
S'adapter à des partenaires variés
Entretenir un équilibre entre les fonctions de réflexion et d'animation
Percevoir globalement les situations ou les problèmes
Accepter les imprévus et rechercher les solutions
Être autonome et prendre des initiatives
Savoir prendre des engagements

Attitude positive à l'égard du travail et de l'entreprise

S'organiser, gérer le temps pour mener les travaux dans les délais impartis
Recueillir et exploiter des données avec méthode
Respecter rigoureusement les processus méthodologiques
Éviter ou absorber le stress et faire preuve de résistance physique

Maintenir une vigilance prolongée malgré des tâches répétitives
Être loyal

Solide sens des responsabilités à l'égard de ses actes

Évaluer les risques
Interpréter les réglementations et en peser les effets pour l'entreprise
Garder son calme et réagir avec sang-froid et rapidité
Être rigoureux dans les processus de gestion du personnel
Respecter ses engagements

Désir d'apprendre et de se développer

Anticiper les évolutions dans son domaine
Se tenir informé des évolutions dans son domaine
S'adapter aux nouvelles technologies

Liste des fiches de fonction modèles

Il existe deux sortes de fiches de fonction :

- celles pouvant correspondre directement à un poste ;

Exemple : la fiche de fonction « Direction générale » peut devenir la fiche de poste « Directeur général ».

- celles dites *addendum* s'appliquant à une classe de postes.

Exemple : la fiche de fonction « Base commune » viendra en ajout de toutes les fiches de poste de l'entreprise.

	01 – Direction	
01-01	Direction générale	
01-02	Assistanat de direction	(*Addendum*)
01-03	Standard accueil	(*Addendum*)
	02 – Financier	
02-01	Direction administrative et financière	
02-02	Aide comptabilité	
02-03	Aide comptabilité clients	(*Addendum*)
02-04	Aide comptabilité fournisseurs	(*Addendum*)
02-05	Management trésorerie	
02-06	Contrôle de gestion	
02-07	Crédit management	

03 – Administratif		
03-01	Assistanat au responsable de service	
03-02	Emploi administratif	(*Addendum*)
04 – Ressources humaines		
04-01	Management ressources humaines	
04-02	Administration du personnel	
04-03	Formation	
05 – Information		
05-01	Direction des systèmes d'information	
05-02	Management informatique	
05-03	Management de la sécurité des systèmes d'information	
05-04	Knowledge management	
05-05	Programmation	
05-06	Correspondance informatique	(*Addendum*)
05-07	Management réseaux	
06 – Commercial		
06-01	Direction commerciale et marketing	
06-02	Management marketing	
06-03	Management commercial	
06-04	Management commercial export	(*Addendum*)
06-05	Technico-commercial	
06-06	Secrétariat commercial	
06-07	Administration des ventes	
06-08	Management service après-vente	
06-09	Management des litiges clients	
06-10	Centre d'appels	
07 – Développement		
07-01	Management de projet	
07-02	Management recherche et développement	
07-03	Bureau d'études	
07-04	Communication	
08 – Organisation		
08-01	Management qualité	
08-02	Contrôle qualité	
08-03	Management environnement	
08-04	Management sécurité	
08-05	Logistique	
08-06	Planning ordonnancement lancement	

08-07	Achats approvisionnements	
08-08	Maintenance entretien travaux neufs	
08-09	Magasin	
	09 – Production	
09-01	Direction industrielle et/ou technique	
09-02	Bureau des méthodes	
09-03	Management d'atelier	
09-04	Management ligne fabrication	
09-05	Production	
	10 – Divers	
10-01	Encadrement de personnel	(*Addendum*)
10-02	Cadre	(*Addendum*)
10-03	Agent d'encadrement	(*Addendum*)
10-04	Agent technique	(*Addendum*)
10-05	Base commune	(*Addendum*)

FICHES-OUTILS

Direction générale

Les entreprises qui fonctionnent sur la base d'un conseil de surveillance et d'un directoire peuvent considérer que les fonctions du directoire sont celles d'une direction générale. Il peut alors se poser un problème de répartition des missions entre les membres du directoire. Une analyse de la situation à partir des TRR respectifs permet de diagnostiquer les points à approfondir.

Des solutions s'appuyant sur des procédures écrites, et qui peuvent être remises en cause dans un cadre identifié, sont des voies de progrès.

Le conseil d'administration et le conseil de surveillance peuvent étendre ou réduire les missions de la direction générale, il est alors important de préciser quoi est du ressort de qui.

Missions

La direction générale a en charge et est garante de la pérennité de l'entreprise. Elle a pour mission de :

- recherer, concevoir ;
- choisir, ;
- définir ;
- décider ;
- conduire la politique générale à court, moyen et long termes.

Elle doit, à ce titre, tout mettre en œuvre pour garantir :

- aux clients :
  - une satisfaction durable des besoins par une qualité irréprochable des produits et des services, dans le respect des délais annoncés.
- à la société :
  - une croissance rentable (définie par des objectifs chiffrés) ;
  - le renforcement de son image et de sa position sur le marché.
- au personnel :
  - une rémunération conforme aux pratiques de la profession ;
  - des conditions de travail reconnues satisfaisantes ;
  - des possibilités d'évolution de carrière.
- aux actionnaires :
  - la juste rémunération des capitaux investis.
- à son environnement :

– le respect de l'ensemble des contraintes légales, fiscales, civiques et écologiques.
- au conseil d'administration :
  – un compte rendu fidèle :
    . de la situation (bilan) ;
    . de l'exploitation (compte de résultat) ;
    . des prévisions.

La direction générale est responsable :
- de la situation comme de l'exploitation ;
- du bilan financier comme du bilan social ;
- de la qualité totale dans l'entreprise.

Elle a un rôle de pivot dans l'organisation, d'anticipation, de supervision et de contrôle.

L'actualité juridique rappelle régulièrement que sa responsabilité pénale est de plus en plus recherchée en termes de respect de la législation sociale, sécuritaire, environnementale, commerciale, financière…

Attributions

Développement

1. Définir la vocation de l'entreprise.
2. Fixer des objectifs à court, moyen et long termes dans le cadre du plan stratégique.
3. Développer les contacts avec la profession, et les organismes interprofessionnels et socio-économiques.
4. Définir les investissements.
5. Définir l'organigramme et ratifier les organigrammes des différentes fonctions de l'entreprise.
6. Définir l'adaptation des effectifs.

Finances

1. Valider la politique financière sur proposition du responsable financier.
2. Déterminer les objectifs et les modifications de structure financière, après consultation du responsable financier.
3. Choisir les banques sur proposition de la fonction financière.
4. Assurer la négociation avec les partenaires financiers.

5. Prendre la décision finale concernant le choix des financements à court, moyen et long termes et les garanties afférentes à ces financements.
6. Établir avec la fonction en charge des budgets et des prévisions le calendrier d'élaboration de ces documents.
7. Ratifier les budgets consolidés (communication, industriel, formation, etc.).
8. Étudier et analyser les résultats périodiques.
9. Analyser les actions proposées pour traiter les écarts par rapport aux plans, budgets et objectifs. Décider ou ratifier les actions correctives.
10. Ratifier les normes concernant les conditions de paiement accordées aux clients.
11. Ratifier les normes concernant les conditions de paiement acceptées par les fournisseurs.
12. Contrôler le niveau d'assurance de la société.
13. Ratifier les procédures concernant les risques clients et les reports éventuels de paiement.
14. Décider des suites à donner à toutes les procédures contentieuses.
15. Décider des provisions facultatives sur proposition de la fonction financière.
16. Préparer les plans d'investissements.

Commercial

1. Valider la politique commerciale sur proposition du responsable commercial.
2. Notifier ses décisions par écrit pour toute transgression des conditions commerciales de base.
3. Décider des mises en fabrication et/ou des expéditions pour les clients dont la solvabilité n'est pas garantie.
4. S'informer (fréquence à définir) des litiges clients. Décider, après consultation des fonctions compétentes, des suites à donner.
5. Valider le budget commercial et s'informer des réalisations (tableau de bord commercial).
6. Valider les budgets de publicité et de promotion proposés par la fonction marketing.
7. Assurer les contacts jugés utiles avec les clients importants, après concertation avec le responsable commercial.
8. Valider le calendrier des participations aux manifestations commerciales.
9. Valider les principaux contrats.

10. Décider des mises en gamme de produits nouveaux ou de l'abandon de produits existants, suite aux études réalisées par le marketing, la recherche et développement et le bureau d'études.
11. Valider et faire appliquer la politique de communication interne et externe.

Industriel

1. Valider la politique industrielle sur proposition du responsable industriel.
2. Arbitrer les choix industriels et les investissements en cohérence avec la stratégie.
3. Décider sur proposition de la fonction industrielle et technique, des technologies nouvelles à mettre en œuvre par la société.
4. Suivre les études d'analyse de la valeur réalisées par la société.
5. Se tenir informé de tout changement de processus de fabrication.
6. Valider les budgets de production et des services techniques fonctionnels.
7. Se tenir informé des réalisations par le responsable industriel (tableaux de bord).
8. Fixer les objectifs de production :
   - normes de qualité ;
   - normes de délais ;
   - normes de coûts de revient ;
   - niveau de stocks.
9. Décider du traitement :
   - en négoce ;
   - en sous-traitance ;
   - en production propre, des produits commercialisés par la société.

Climat social

1. Superviser l'organisation des élections des instances représentatives du personnel :
   - comité d'entreprise ;
   - délégués du personnel ;
   - CHSCT.
2. Présider ou déléguer la présidence des réunions avec les instances représentatives du personnel :
   - comité d'entreprise (cosigner l'ordre du jour) ;
   - délégués du personnel ;
   - CHSCT.

3. Présider ou déléguer la présidence des négociations annuelles obligatoires (NAO) avec les délégations syndicales.
4. Informer le personnel :
   - des politiques et des objectifs de la société ;
   - de son développement économique et social.
5. Informer régulièrement ses collaborateurs directs :
   - de la situation de l'entreprise ;
   - de l'exploitation ;
   - des objectifs.
6. S'assurer de la qualité du système de communication interne tant pour l'information ascendante, descendante que mutuelle.
7. Prévenir et gérer les conflits de toute nature.

Ressources humaines

1. Ratifier toute définition de fonction non directement élaborée et de niveau n-1.
2. Ratifier les règlements internes en matière de classifications et de qualifications élaborées par la fonction personnel.
3. Décider :
   - des embauches ;
   - des mutations ;
   - des promotions ;
   - et de toutes sanctions disciplinaires qui lui sont soumises.
4. Valider le plan de formation de la société et le budget y afférent, et être responsable de l'adéquation de la formation des salariés aux besoins futurs de l'entreprise.
5. Fixer, en accord avec les responsables de fonction, et après consultation de la fonction personnel :
   - les systèmes de rémunération ;
   - les niveaux et ajustements des salaires et des appointements de la société ;
   - les avantages sociaux.
6. Ratifier le règlement intérieur de la société dans le respect des contraintes légales.

Qualité – Sécurité – Environnement

1. Valider la politique qualité proposée par le responsable de la fonction.

2. S'assurer que la politique qualité est comprise, mise en œuvre et entretenue à tous les niveaux de l'organisation.
3. Superviser la définition des responsabilités, de l'autorité et des relations de toutes les personnes qui dirigent, effectuent et vérifient les tâches qui ont une incidence sur la qualité.
4. S'assurer que le responsable qualité a identifié les besoins internes en matière de vérification, prévu les moyens nécessaires et désigné les personnes formées pour les activités de vérification.
5. Examiner à intervalles convenables le système qualité afin qu'il demeure constamment approprié et efficace (revues de direction).
6. S'informer de tous les problèmes de non-qualité des produits.
7. Recevoir les analyses du tableau de bord de la qualité.
8. Valider la politique relative à l'hygiène, la sécurité et aux conditions de travail, et les objectifs proposés par le responsable de la fonction.
9. Valider la politique environnementale proposée par le responsable de la fonction
10. S'assurer que l'entreprise respecte la réglementation en termes d'hygiène, de sécurité, de respect de l'environnement et de conditions de travail, à laquelle elle est contrainte et/ou qu'elle a admise.

Délégations

1. Désigner le représentant de la direction générale qui, nonobstant d'autres responsabilités, a une autorité et des responsabilités définies de façon à ce que les exigences de l'assurance qualité soient mises en œuvre de manière permanente.
2. Déléguer une partie de ses pouvoirs à un membre du personnel dans le domaine de l'hygiène, la sécurité et les conditions de travail. Cette délégation pouvant avoir des conséquences pénales, le délégataire devra disposer réellement des moyens pour assurer cette responsabilité, c'est-à-dire être qualifié et pouvoir prendre de manière autonome les mesures qui s'imposent, et justifier d'une rémunération incluant cette responsabilité.
3. Déléguer une partie de ses pouvoirs à un membre du personnel dans le domaine environnemental.
4. Déléguer une partie de ses pouvoirs à un membre du personnel dans le domaine financier.
5. Déléguer éventuellement à son assistant/secrétaire de service :
   - la gestion de son agenda (prise de rendez-vous, gestion du planning) ;
   - l'organisation des déplacements ;

- la préparation de certains dossiers après avoir donné les indications nécessaires ;
- la prise en charge, de manière autonome, de missions particulières ;
- la gestion du budget de son service ;
- le suivi des contrats du matériel de bureau ;
- la représentation de l'entreprise lors de manifestations particulières : salons, foires…

Divers

1. Décider des actions de conseil à mettre en œuvre dans la société.
2. Décider des audits à faire réaliser.
3. Ratifier la mise en place des procédures nouvelles.
4. Valider, avant transmission, toute information concernant les enquêtes ou demandes externes qui peuvent être publiées.

Outils

Documents formalisés sous la responsabilité de la direction générale

- Plan stratégique
- Projet d'entreprise
- Politique générale
- Organigramme de l'entreprise
- Fiches de définition des fonctions des responsables
- Règlement intérieur
- Budget consolidé
- Programme qualité
- Engagement qualité, sécurité, environnement de la direction générale

Documents négociés avec les responsables de fonction et à disposition de la direction générale

1. Politique, plans et budgets commerciaux :
   - plan marketing ;
   - plan de communication ;
   - budget de publicité ;
   - plan de vente ;
   - budgets prévisionnels d'exploitation annuels et déclinés par périodes (à définir) ;

- ventes et résultats (marges…) ;
- remises et ristournes ;
- frais de fonctionnement de la fonction commerciale ;
- ventilation par types de produits et par secteurs ;
- tableaux de bord mensuels (commandes, livraisons, facturation) ;
- résultats/prévisions/écarts (chiffres d'affaires nets, marges, quantités…) :
  - par rapport aux commandes ;
  - par rapport à la facturation ;
  - par rapport aux produits ;
  - par rapport aux secteurs ;
- calendrier des participations aux manifestations commerciales ;
- synthèses périodiques (périodicité à définir) :
  - des tendances et des besoins du marché ;
  - des informations sur la clientèle ;
  - des informations détenues sur la concurrence.

2. Politique, plans et budgets financiers :
   - bilans et comptes de résultat prévisionnels par périodes pour l'exercice à venir (la notion de période est variable suivant les entreprises ; elle peut être le mois ou le trimestre, au minimum, elle sera le semestre) ;
   - bilans et comptes de résultat prévisionnels à 3 ans (par années) ;
   - budgets analytiques de fonctionnement, à définir suivant la structure de l'entreprise (périodicité à définir) :
     - par fonctions ;
     - par activités ;
     - par produits (lignes) ;
     - ou autre combinaison.
   - prévisions financières, plan de financement et plan de trésorerie :
   - à court terme : par décades sur 1 trimestre ;
   - à moyen terme : par mois sur les 3 trimestres suivants ;
   - par semestres pour les 2 années suivantes.
     - synthèse des risques financiers et des solutions potentielles :
     - tableau de bord mensuel des performances économiques mises en rapport avec les budgets ;
     - synthèse des écarts ;

– analyse et commentaire des résultats.

3. Politique, plans et budgets des ressources humaines :
   - politique, plan et budget de recrutement ;
   - politique, plan et budget des mutations et des promotions ;
   - politique, plan et budget de formation ;
   - bilan social ;
   - exploitation des données prévisionnelles concernant la gestion des ressources humaines ;
   - synthèse et commentaire concernant les écarts.
4. Politique, plans et budgets des investissements et de la recherche et développement.
5. Politique, plans et budgets industriels :
   - indicateurs de performance de l'outil industriel
   - productivité
   - engagement
   - flexibilité
   - …
6. Politique environnementale :
   - manuel environnement ;
   - comptes rendus des audits environnementaux internes et externes ;
   - coûts de mise en conformité des équipements (sur aspects environnementaux).
7. Politique qualité :
   - comptes rendus des revues de direction ;
   - contrats d'assurance de la qualité ;
   - comptes rendus des revues de contrats ;
   - comptes rendus des audits qualité internes ;
   - tableau de bord du contrôle qualité ;
   - coût de la non-qualité ;
   - analyse du degré de satisfaction de la clientèle (fiabilité des produits, retards de livraison…) ;
   - statistiques des interventions du SAV pour des problèmes de qualité ;
   - tableaux de suivi budgétaire des actions relatives à la qualité ;
   - plan et suivi des actions et des groupes de travail concernant la qualité ;
   - …

Tableaux des paramètres permanents à actualiser

1. Conditions de paiement :
   • consenties aux clients ;
   • acceptées par les fournisseurs.
2. Taux d'intérêt de retard à appliquer.
3. Lignes de découvert autorisées par les établissements financiers.
4. Tarifs et limites des prix « planchers ».
5. Calendrier de production des informations :
   • planning de production des documents prévisionnels ;
   • planning de production des résultats et des synthèses.
6. Planning des entretiens annuels d'évaluation.

État des décisions et accords particuliers

1. Accords écrits pour les transgressions de normes :
   • sur tarifs, remises, conditions de paiement ;
   • sur rémunération ;
   • sur embauche ;
   • sur qualité des produits utilisés ou fournis aux clients ;
   • …

Remarques

• Tous les documents prévisionnels annuels doivent être élaborés au plus tard pour le 15/12/n-1.

• Les tableaux de bord mensuels doivent être présentés au plus tard le cinquième jour ouvrable de la période suivante. Ils doivent, de plus, être accompagnés d'un commentaire ou d'une analyse. Il est de la responsabilité des fonctions concernées de présenter des projets d'actions et d'éviter de rester au stade des constats.

Aptitudes

• Savoir apprécier rapidement des potentialités de marchés.
• Prendre des décisions innovantes ou anticipatoires pour adapter l'entreprise au changement.
• Savoir prendre des avis avant de décider.
• Entretenir un équilibre entre les fonctions de réflexion et d'animation.
• Connaître les possibilités d'utilisation des outils informatiques.
• Savoir déléguer.

- Être rigoureux dans l'analyse de la situation financière.
- Être résistant au stress et physiquement.
- Maîtriser au moins deux langues étrangères.

Autres titres pour cette fonction

Administrateur de société
Industriel
Président-directeur général
Président
Président du directoire
Membre du directoire
Directeur général
Certains directeurs d'établissement
Responsable de filiale
Responsable d'établissement autonome

Assistanat de direction

Cette fonction est un *addendum* à la fonction décrite dans la fiche 03-01 « Assistanat au responsable de service », le service étant la direction.

Si les tâches sont les mêmes pour les deux fonctions, celles liées à cette fiche sont plus axées sur la partie assistance à la personne qu'assistance au service. De même, l'interface avec l'extérieur (clients, actionnaires, etc.) sera plus présente que pour un poste équivalent en production. Ces priorités doivent se retrouver dans la fiche de poste, par exemple en ordonnant les attributions différemment.

Dans les PME, le poste peut comprendre également la fonction de standardiste (fiche 01-03 « Standard accueil »)

Mission

Assurer certaines missions d'interface avec l'extérieur de l'entreprise.

Attributions

Commercial

1. Représenter, éventuellement, l'entreprise lors de manifestations particulières : salons, foires...

Divers

1. Organiser les visites d'entreprise (clients, écoles, etc.).

Aptitude

- Très forte discrétion.

Autres titres pour cette fonction

Secrétaire de direction bilingue/trilingue — Attachée de direction

Standard – accueil

Fiche 01-03

La personne en charge de cette fonction devra maîtriser au moins une langue étrangère.

Missions

Assurer la gestion des appels téléphoniques et des mails entrants.

Donner des renseignements téléphoniques.

Utiliser et mettre en œuvre les moyens techniques en relation avec les communications externes et internes.

Accueillir toute personne se présentant dans l'entreprise.

Attributions

Communication administrative

1. Gérer la téléphonie :
   - recevoir, filtrer, transmettre les appels téléphoniques et répondre à des questions simples que lui posent ses interlocuteurs.
   - réaliser certains appels vers l'extérieur pour les collaborateurs de l'entreprise.
2. Gérer le courrier (lettres ou mails) :
   - mettre en forme et saisir le courrier sur directives générales.
   - assurer l'ouverture, l'enregistrement et la diffusion du courrier selon les procédures définies.
   - assurer l'affranchissement du courrier au départ, le dépôt à la poste, l'enregistrement avec la procédure interne.
   - distribuer les télécopies et/ou les télex à l'arrivée. Se charger des émissions.

Systèmes d'information et communication

1. Réaliser des tâches courantes de tri, de classement et d'enregistrement.
2. Gérer les envois et les réceptions de documentation.

Commercial

1. Donner des informations relatives aux produits/services.

Divers

1. Assurer l'accueil des visiteurs dans l'entreprise, les mettre en rapport avec les services concernés ou appliquer les procédures prévues (exemple : clients, fournisseurs avec ou sans rendez-vous, demandeurs d'emploi, inspecteur du travail...).

Outils

- Procédures de traitement du courrier (émission, signature, ouverture et distribution).
- Informatique : suite bureautique, messagerie.
- Favoris Internet :
  - renseignements téléphoniques ;
  - renseignements postaux ;
  - coursiers.
- Intranet :
  - organigramme de la société ;
  - répertoire téléphonique ;
  - manuel qualité ;
  - suivi des appels téléphoniques reçus et émis ;
  - ...
- Documents prévus dans le cadre des procédures d'accueil des personnes extérieures.
- ...

Aptitudes

- Comprendre une demande.
- Analyser des informations.
- Mémoriser des informations pour traiter rapidement les demandes.
- S'exprimer de façon claire et concise.
- Présenter une image positive de l'entreprise.

Autres titres pour cette fonction

Hôtesse d'accueil
Réceptionniste
Téléphoniste

Direction administrative et financière

Fiche 02-01

Telle que nous la présentons cette fonction a un champ très large. Il est possible que dans certaines entreprises l'ensemble des missions et attributions soit réparti entre plusieurs fonctions.

Exemples : une fonction « administratif », une fonction « personnel », une fonction « comptable », une fonction « financière », une fonction « contrôle de gestion », etc.

Dans ce cas, chaque chapitre des attributions que nous affectons à la direction administrative et financière peut être une fonction particulière selon la taille de l'entreprise. Dans les cas où cette fonction a également en charge la fonction personnel et/ou la gestion du système d'information, se reporter aux fiches correspondantes et intégrer les éléments concernés.

Missions

Assurer la coordination et la régulation des comptabilités.

Veiller à la continuité des financements nécessaires à l'activité de la société. En optimiser le coût.

Veiller au respect des législations, des règlements et à la protection de la société sur le plan juridique.

Développer les procédures de calcul des coûts et de gestion prévisionnelle au sein de la société.

Coordonner les études d'investissements dans le cadre des procédures de la société.

Superviser la définition et veiller à l'application des procédures internes. Déceler les anomalies, suggérer et faire mettre en œuvre des actions correctives.

Concevoir l'organisation générale du traitement de l'information.

Rendre compte à la direction générale.

Attributions

Finances

1. Assister la direction générale dans le choix des banques. Être associé aux contacts avec les banquiers ou les prendre en charge par délégation de la direction générale.

2. Établir et actualiser le tableau des conditions bancaires.
3. Fournir à la direction générale toutes les informations de synthèse nécessaires à la négociation avec les partenaires financiers.
4. Conseiller la direction générale sur le montant des autorisations de court terme à négocier avec les partenaires financiers. Se tenir informé des possibilités de crédit à court terme (nature et taux).
5. Gérer et superviser la trésorerie de la société dans le cadre du plan annuel de trésorerie.
6. Établir le tableau de bord financier quotidien, hebdomadaire et mensuel de la société. En assurer le suivi.
7. Assister la direction générale dans la négociation avec les partenaires financiers.
8. Soumettre à la direction générale le choix des financements à long et moyen termes.
9. Soumettre à la direction générale l'introduction de nouvelles sources de financement à court terme.
10. Instruire les dossiers de demandes de prêts dont peut bénéficier l'entreprise. En assurer le suivi.
11. Instruire les dossiers de demandes de subventions et d'aides dont peut bénéficier l'entreprise. En assurer le suivi.
12. Réaliser les analyses financières de synthèse de la société à usage interne ou à destination des tiers.
13. Définir, en relation avec la direction générale, les conditions de paiement clients. Veiller à leur application. Être consulté pour toute condition de paiement spéciale accordée aux clients.
14. Informer la direction générale de tout risque de non-solvabilité des clients, sur constat de l'en-cours ou des commandes, ou sur demande de la fonction commerciale.
15. Réaliser les analyses de bilans des clients dont les relations avec la société le justifient.
16. Déterminer les conditions de paiement aux fournisseurs et les modalités de règlement.
17. Veiller au respect des échéances programmées. Informer la direction générale de tout risque de retard de paiement.
18. Être responsable de la caisse de la société.
19. Proposer à la direction générale la révision des provisions facultatives.
20. Assister les responsables concernés dans la préparation des budgets.

21. Consolider les budgets.

22. Veiller au respect du calendrier d'établissement des budgets établi avec la direction générale Assurer le suivi de l'évolution des résultats par activités ou par lignes de produits, par rapport aux plans, budgets et objectifs. Identifier les écarts et en rechercher les causes. Alerter la direction générale sur les situations constatées et les évolutions prévisibles

Comptabilité

1. Être responsable de la tenue de la comptabilité banques (comptes courants, dépôts à terme, titres, etc.).
2. Être responsable de la tenue de la comptabilité clients (suite de la facturation, paiement des clients, relance des clients, suivi des litiges clients, des acomptes, des retenues de garantie…).
3. Être responsable de la tenue de la comptabilité fournisseurs (règlements fournisseurs, report des paiements, suivi des litiges fournisseurs).
4. Être responsable de la tenue de la comptabilité générale.
5. Établir les bilans (trimestriels) et comptes de résultat (mensuels) de la société :
   - par activités homogènes ;
   - par lignes de produits ;
   - …
6. Veiller à la conformité des documents comptables aux exigences légales.
7. Proposer toute amélioration des procédures comptables (plan comptable inclus).
8. Recevoir les Commissaires aux comptes et les vérificateurs. Leur préparer tous les éléments nécessaires.
9. Établir, ou faire établir, l'ensemble des déclarations comptables, ou à caractère économique, demandées à la société.
10. Faire procéder, sauf instructions écrites contraires de la direction commerciale, au recouvrement des créances échues.
11. Suivre l'évolution de la législation dans le domaine comptable.
12. Être responsable de l'inventaire :
    - définir les procédures ;
    - veiller à leur respect ;
    - assurer la valorisation de l'inventaire.

Financier

Juridique – Fiscal

1. Établir les déclarations fiscales.
2. Garantir la conformité des déclarations fiscales, leur contenu et les procédures qui concourent à leur mise en forme.
3. Établir toutes les déclarations à caractère juridique.
4. Garantir la conformité des déclarations à caractère juridique.
5. Assurer les relations avec la direction des Impôts.
6. Négocier, le cas échéant, des agréments fiscaux avec l'Administration.
7. Instruire les dossiers contentieux. Les soumettre à la direction générale pour la suite à donner.
8. Gérer les relations avec les avocats si nécessaire.
9. Suivre l'évolution de la législation et des règlements dans les domaines fiscal, comptable, social, commercial, civil, international, écologique, environnemental… et concernant les produits, les méthodes, les moyens et les techniques de la société. Veiller à leur application.
10. Coordonner les études juridiques au sein de la société. Faire appel, le cas échéant, à des cabinets spécialisés, après en avoir référé à la direction générale.
11. Être responsable de la protection des marques, des brevets, etc.
12. Établir et mettre au point, en faisant appel à des cabinets spécialisés, les projets d'actes courants (assemblées générales, conseils d'administration…) et d'actes non courants (fusion, augmentation du capital, création de filiales en France ou à l'étranger…).
13. Gérer le niveau et les contrats d'assurance de la société.

Contrôle de gestion – Planification

1. Établir le plan de financement annuel.
2. Mettre en place une comptabilité analytique d'exploitation adaptée à la société.
3. Produire les tableaux de bord économiques (bilans par produits, par activités…).
4. Éditer mensuellement les marges sur ventes. Les contrôler, et informer des anomalies constatées les fonctions concernées.
5. Assister la fonction technique pour la détermination des coûts standards et le calcul des coûts de revient.
6. Réaliser les analyses nécessaires à l'élaboration des tarifs.

7. Assister les fonctions industrielles et commerciales dans l'établissement des coûts prévisionnels des produits nouveaux.
8. Effectuer toutes les analyses de coût utiles à la direction générale.
9. Établir le tableau de bord de la société.
10. Établir les plans d'investissements de la société en liaison avec l'ensemble des fonctions concernées de l'entreprise.
11. Établir les plans de financement de la société en liaison avec l'ensemble des fonctions concernées de l'entreprise.
12. Établir les plans de trésorerie de la société en liaison avec l'ensemble des fonctions concernées de l'entreprise.
13. Réaliser toute étude de rentabilité demandée par la direction générale, notamment pour les projets d'investissements.

Qualité

1. Assurer le suivi budgétaire des actions relatives à la qualité :
- coût d'obtention de la qualité ;
- coût lié aux défaillances internes et externes ;
- coût d'assurance externe de la qualité.
2. Les transmettre à intervalles réguliers à la direction générale.

Délégation

1. Veiller à l'application des politiques de la société. Proposer à la direction générale les modifications jugées nécessaires.
2. Faire partie du comité de direction, et à ce titre participer aux décisions majeures concernant l'entreprise.
3. Assurer, par délégation de la direction générale, ou après l'en avoir informée, une mission de représentation de la société.

Divers

Gérer les biens immobiliers de la société.

Outils

Documents remis à la direction générale

1. Politique, plans et budgets financiers :
   - bilans et comptes de résultat prévisionnels par période pour l'exercice à venir : la notion de période est variable suivant les entreprises ; elle peut être le mois ou le trimestre, au minimum elle sera le semestre ;

- bilans et comptes de résultat à 3 ans (par année) ;
- budgets analytiques de fonctionnement à définir suivant la structure de l'entreprise :
  - par fonctions ;
  - par activités ;
  - par produits (lignes) ;
  - ou autre combinaison, périodicité à définir.

2. Analyse du bilan des clients, éventuellement des fournisseurs et des partenaires.
3. Tableau de bord mensuel des performances économiques :
   - mise en rapport avec les budgets ;
   - synthèse des écarts ;
   - analyse et commentaire des résultats.
4. Prévisions financières-plan de financement :
   - Tableau de bord de la trésorerie :
     - à court terme : par décades sur 1 trimestre ;
     - à moyen terme : par mois sur les 3 trimestres suivants ;
     - par semestre pour les 2 années suivantes.
5. Situation du besoin en fonds de roulement.
6. Synthèse des risques financiers et des solutions envisageables.

« Cahiers » des procédures internes

1. Procédures comptables :
   - procédures de facturation, d'achat, financières et diverses ;
   - procédures d'inventaire ;
   - procédures de comptabilité analytique ;
   - principe de calcul des différents niveaux de coûts.
2. Procédures budgétaires.
3. Procédures du système informatique et suivi des évolutions.
4. Procédures de demandes de prêts et de subventions.
5. Procédures d'investissement.
6. Calendriers de production des informations :
   - pour l'arrêté périodique des exploitations ;
   - pour la production par les moyens (informatiques…) de l'ensemble des documents ;

* pour la production des synthèses et de leurs commentaires ;
* pour les budgets.

Remarque

Il est important que les procédures soient définies de manière précise et par écrit.

Information, documentation sur la législation

Législation :

* comptable ;
* fiscale ;
* sociale ;
* environnementale.

Remarque

Soit cette information est disponible dans l'entreprise, soit un tiers est dûment mandaté pour la fournir.

Documents formalisés, actualisés et disponibles

1. Tableau des mouvements et des conditions bancaires.
2. Conditions de paiement fournisseurs.
3. Conditions de paiement clients :
   * taux d'intérêt de retard à appliquer ;
   * tableaux hebdomadaires des litiges et contentieux et des actions arrêtées :
     – clients ;
     – fournisseurs ;
     – autres tiers.
   * tableaux hebdomadaires des échéances dépassées ;
   * tableaux des en-cours et risques clients.
4. Journal de caisse.

Documents relatifs à la qualité

1. Manuel qualité.
2. Tableau de bord du contrôle qualité :
   * coût de la non-qualité ;
   * analyse du degré de satisfaction de la clientèle (fiabilité des produits, retards de livraison…) ;

- statistiques des interventions du service après-vente (SAV) pour des problèmes de qualité ;
- tableaux de suivi budgétaire des actions relatives à la qualité.

3. Plan et suivi des actions et des groupes de travail concernant la qualité et documents dont le système qualité le rend destinataire.

Aptitudes

Analyser des informations.

Réagir rapidement aux problèmes.

Hiérarchiser les urgences et les échéances.

Interpréter les réglementations et en peser les effets pour l'entreprise.

Évaluer les risques lors de choix et de prises de décision par la direction générale.

Créer une relation de partenariat.

Autres titres pour cette fonction

Responsable administratif
Secrétaire général
Directeur financier
Chef des services administratifs et financiers
Responsable des comptabilités

Aide comptabilité

Fiche 02-02

Ce poste est, suivant l'importance de l'entreprise, des écritures comptables, plus ou moins décrit en détail. Mais dans tous les cas, le responsable en charge de la comptabilité doit apporter les précisions requises. Plusieurs aides comptables d'une même entreprise peuvent avoir des définitions de fonctions différentes.

Son activité peut porter sur un groupe de comptes (ex : clients, fournisseurs, comptabilité analytique) ou sur un ensemble d'opérations (ex : traitement des paiements, enregistrement des factures).

La fiche de poste peut alors être complétée par la fiche de fonction « Aide comptabilité clients » (fiche 02-03) ou celle d'« Aide comptabilité fournisseurs » (fiche 02-04).

Éventuellement, le titulaire du poste peut se voir confier des tâches administratives décrites dans la fiche « Assistanat au responsable de service » (fiche 03-01).

Missions

Préparer et enregistrer des informations issues de documents administratifs et comptables.

Présenter des informations comptables permettant une prise de décision ou destinées à l'information de tiers.

Attributions

Comptabilité

1. Classer, pointer, vérifier (avoirs, annulations d'écritures, transferts...) et imputer les informations collectées.
2. Enregistrer (en utilisant les options informatiques retenues par l'entreprise) les informations sur le système informatique.
3. Respecter les normes fiscales et légales qui régissent la comptabilité.
4. Assurer l'archivage, la sauvegarde, le classement... des documents et supports divers dont informatiques.
5. Extraire les informations demandées par sa hiérarchie et les mettre en forme.

Qualité – Sécurité – Environnement

Extraire les informations de son domaine qui doivent alimenter les tableaux de bord de l'entreprise.

Divers

Extraire les informations à destination des tiers (enquêtes, demandes des services fiscaux, etc.). Les remettre après validation par sa hiérarchie.

Outils

Informatique :

- suite bureautique ;
- messagerie ;
- base de données ;
- outils comptables.

Intranet :

- procédures comptables, et plus spécialement celles concernant directement le poste : par exemple, procédures comptables de facturation, d'achat, financières, budgétaires et diverses.
- calendriers de production des informations :
  - pour l'arrêt périodique des exploitations ;
  - pour la production par les moyens (informatiques…) de l'ensemble des documents ;
- données permettant d'assurer les contrôles prévus dans les procédures :
  - tableau des mouvements et des conditions bancaires.
- données produites pour les autres services :
  - autres tiers ;
  - tableaux hebdomadaires des échéances…

Tableaux de bord de l'entreprise.

Aptitudes

Synthétiser et présenter clairement des informations.

Recueillir et exploiter des données avec méthode.

Respecter ses engagements.

Respecter rigoureusement les processus méthodologiques.

Autres titres pour cette fonction

Technicien de comptabilité
Secrétaire comptable
Gestionnaire
Opérateur de saisie informatique
Adjoint au chef comptable

Aide comptabilité clients

Fiche 02-03

Cette fiche vient en complément de la fiche « Aide comptabilité » (fiche 02-02)

Il est important qu'un système de contrôle régulier soit mis en place par le responsable direct de telle sorte qu'il n'y ait pas de dérapage dans l'évolution de la créance client, des avoirs établis… De plus, l'organisation doit prévoir des échéances fixes pour la production d'informations de synthèse. Dans certaines entreprises, le service compte un nombre important de collaborateurs qui se répartissent les travaux vus ci-après en tenant compte des spécificités de l'entreprise. En général, le responsable anime une équipe dont certains membres sont plus des opérateurs de saisie. Le responsable doit, bien entendu, inclure dans sa fonction la gestion de son personnel. Il convient également d'être attentif aux risques liés à cette fonction. Un laisser-aller est particulièrement préjudiciable à la trésorerie de l'entreprise. Ce poste peut être rattaché au « Credit management » (fiche 02-07).

Missions

Gérer les comptes clients pour que l'entreprise ait un minimum d'en-cours et de créances clients ouvertes.

Gérer les règlements clients.

Établir les prévisions d'encaissements et assurer leur mise à jour.

Veiller au respect des procédures internes en matière de comptabilité, et plus particulièrement pour la partie qui le concerne.

Attributions

Comptabilité

1. Recevoir quotidiennement l'état informatique de prise en compte et, éventuellement, saisir les factures clients validées par le service commercial.
2. Éditer les moyens de règlement (traite, LCR, BOR, éventuellement, produire les supports informatiques nécessaires).
3. Envoyer aux clients les factures accompagnées des moyens et conditions de règlement.
4. Traiter les échanges d'informations avec les sociétés de factoring.
5. Recevoir, contrôler et codifier les règlements clients.

6. Saisir sur moyens informatiques ces règlements, transmettre aux banques les informations concernées.
7. Effectuer le lettrage des comptes clients. Relever toutes les différences ou anomalies. S'informer auprès des clients et consulter le responsable de la comptabilité et le service commercial pour régularisation éventuelle.
8. Établir les avoirs manuels préparés par le service commercial (remises, ristournes…).
9. Effectuer les écritures de régularisation.
10. Gérer les relations avec les sociétés de factoring.
11. Éditer les relevés périodiques et gérer les moyens de paiement correspondants.
12. Éditer les lettres de relance. Les soumettre éventuellement au service commercial avant envoi au client.
13. Pratiquer et réaliser les relances téléphoniques.
14. Ouvrir les comptes clients. Soumettre la fiche de création à la direction administrative et financière.
15. Assurer le classement concernant sa fonction.
16. Tenir le tableau de bord de son activité et un échéancier précis de ses travaux.

Commercial

1. Ouvrir et suivre les dossiers litiges clients.
2. Être responsable de l'évolution du dossier des litiges clients : éditer régulièrement la liste des positions en litige, veiller à obtenir une réponse de la personne en charge du traitement de ce type de problème, et en particulier rendre compte des difficultés à son responsable pour activer éventuellement d'autres services.

Financier

1. Tenir le responsable de la comptabilité informé des avoirs, des en-cours clients, des créances douteuses, des impayés et des reports d'échéances demandés par les clients. Mettre en œuvre les recommandations qui pourraient résulter de cet échange.
2. Gérer la transmission des dossiers et leur suivi auprès des assurances-crédits.

Outils

Procédures de facturation.

Procédure de comptabilisation.

Procédure de relevé.

Procédure de relance, rappel :
- remise au contentieux ;
- production des avoirs ;
- demande de couverture de crédit ;
- suivi des créances douteuses ;
- relations avec la société de factoring ;
- relations avec le Groupe pour les créances mobilisées.

Procédure d'ouverture des comptes clients.

Fichiers clients.

Factures clients ou journal des ventes.

Calendriers de production des informations.

Journaux des ventes.

Balances clients.

Conditions de paiement clients :
- taux d'intérêt de retard à appliquer ;
- tableaux hebdomadaires des litiges et contentieux clients et des actions entreprises ;
- tableaux hebdomadaires des échéances dépassées ;
- tableaux des en-cours et risques clients.

Aptitudes

Créer une relation de partenariat.

Développer des liaisons techniques et fonctionnelles.

Autres titres pour cette fonction

Responsable clients — Comptable tiers

Aide comptabilité fournisseurs

Cette fiche vient en complément de la fiche « Aide comptabilité » (fiche 02-02).

Il est important qu'un système de contrôle régulier soit mis en place par le responsable direct de telle sorte qu'il n'y ait pas de dérapage dans l'évolution de la dette fournisseur, les règlements établis... De plus, l'organisation doit prévoir des échéances fixes pour la production d'informations de synthèse.

Il convient, en particulier, de s'assurer que le système de contrôle permet de garantir la fiabilité des caisses et des justifications de soldes fournisseurs.

Missions

Gérer les comptes fournisseurs de façon à satisfaire aux critères identifiés par la politique générale de l'entreprise.

Établir les prévisions de décaissement et assurer leur mise à jour.

Effectuer les règlements fournisseurs en veillant au respect des échéances.

Veiller au respect des procédures internes.

Rendre compte à la direction administrative et financière.

Attributions

Comptabilité

1. Recevoir quotidiennement une copie des commandes des différents services de l'entreprise envoyées aux fournisseurs.
2. Vérifier l'imputation des commandes en comptabilité analytique. Consulter le coordinateur du service comptabilité et/ou le chef du service achats en cas de problème.
3. Comptabiliser les commandes en termes de prévision de charge et de trésorerie.
4. Gérer l'échéancier des décaissements prévisionnels.
5. Transmettre les prévisions de décaissements au coordinateur du service comptable, responsable de la gestion de trésorerie.
6. Classer les commandes dans un échéancier dans l'attente des livraisons et des factures fournisseurs.

7. Rapprocher les factures fournisseurs des livraisons (en utilisant les moyens informatiques prévus).
8. Vérifier les moyens de règlement demandés par les fournisseurs.
9. Valider les écritures de prévisions correspondantes ou enregistrer les factures.
10. Mettre à jour les prévisions de décaissements ou établir l'échéancier des décaissements.
11. Transmettre les factures aux différents services pour contrôle et bon à payer.
12. Veiller au retour à la comptabilité des factures avec bon à payer, dans les délais (relancer éventuellement les services concernés).
13. Suivre les échéances et veiller à leur respect.
14. Établir les demandes d'avoirs et les écritures de régularisation, après validation du responsable de la comptabilité.
15. Consulter le responsable de la comptabilité au sujet des banques sur lesquelles il doit établir les règlements.
16. Déclencher les règlements.
17. Justifier et suivre la situation des comptes fournisseurs.
18. Vérifier les relances fournisseurs pour les avoirs.
19. Établir la situation mensuelle des comptes fournisseurs et la soumettre au responsable de la comptabilité.
20. Ouvrir les comptes fournisseurs. Soumettre la fiche de création au responsable de la comptabilité.
21. Gérer une caisse des achats divers.
22. Effectuer le remboursement sur justificatif et après contrôle des frais de déplacement aux salariés.

Outils

Procédures d'achats, d'avoir fournisseurs, de règlements, de demande d'avoir.

Procédures de validation des factures, des règlements.

Budget des achats.

Fichier fournisseurs.

Factures fournisseurs ou journal des achats.

Support de validation des paiements aux fournisseurs.

Calendriers de production des informations :

- journaux des achats ;
- balances fournisseurs ;
- statistiques sur achats ;
- journal de caisse.

Conditions de règlement par fournisseur :

- taux d'intérêt de retard appliqués ;
- tableaux hebdomadaires des litiges et contentieux fournisseurs et des actions arrêtées.
- Manuel qualité ;
- ...

Aptitudes

Développer des liaisons techniques et fonctionnelles.

Autres titres pour cette fonction

Responsable fournisseur	Comptable tiers

Management de trésorerie

Ce poste, en général, gère avec plus ou moins d'autonomie les placements de trésorerie. En effet, il est envisageable de confier à la personne responsable de la gestion de la trésorerie, la gestion et le suivi des placements relatifs aux comptes dont elle s'occupe.

Il sera alors nécessaire de prévoir une étape de validation des propositions de placement par le supérieur hiérarchique, et une tenue à jour des différentes possibilités de placements des diverses banques avec lesquelles la société est en rapport.

Afin d'assurer l'efficacité de ce poste, le titulaire devra être averti, le plus en amont possible, des évènements ou projets ayant un impact sur la trésorerie (insolvabilité d'un client, investissement, etc.).

Suivant la taille ou l'activité de l'entreprise, le poste pourra également assurer la fonction de « Credit Management » (fiche 02-07).

Missions

Gérer au quotidien la trésorerie de l'entreprise.

Établir les prévisions de trésorerie et assurer leur mise à jour.

Évaluer l'opportunité de placements à court et/ou moyen terme et les soumettre à son responsable direct.

Assurer la relation avec les banques au quotidien, en respectant les tactiques définies par sa hiérarchie.

Veiller au respect des procédures internes en matière de comptabilité, et plus particulièrement pour la partie qui le concerne.

Attributions

Financier

1. Avec les autres collaborateurs concernés, traiter quotidiennement le courrier de son service (banque, clients…).
2. Mettre en œuvre les outils informatiques de gestion et trésorerie, et veiller à la pertinence de leur paramétrage en fonction des objectifs poursuivis :
   - produire régulièrement les états de rapprochement ;
   - tenir à jour les portefeuilles effets (à recevoir, à l'encaissement, à l'escompte, en compte… à payer). En tirer régulièrement des synthèses ;
   - traiter les remises (espèces, chèques, effets…) ;

- tenir la fiche de position de trésorerie en euros, en devises ;
- préparer et veiller à l'exécution, après validation, des paiements par virements, transferts, chèques…
- établir les prévisions en date d'opération et en date de valeur.

3. Préparer les décisions de placement des fonds disponibles à court et moyen termes et, après validation, passer les ordres. Se tenir informé des possibilités de placements offertes pas les différentes banques de la place.
4. Contrôler l'application des conditions prédéfinies avec les banques.
5. Gérer les réclamations avec les banques.
6. Assurer les travaux de préparation de dossiers pour la négociation avec les banques :
   - chiffre d'affaires par banque ;
   - solde mensuel du compte principal (compte courant entreprise) ;
   - solde du portefeuille titres ;
   - prévisions d'entrées et de sorties de fonds ;
   - taux moyen de financement, de placement ;
   - contrôle des échelles d'intérêts ;
   - contrôle des tickets d'agios.
7. Veiller à pérenniser le système et mettre en place les méthodes nécessaires pour que le système fonctionne pendant ses absences.
8. Gérer la caisse de la société : enregistrer les entrées et sorties d'espèces. Tenir à jour le journal de caisse.
9. Mettre à jour les différents paramètres de son outil informatique de gestion de trésorerie :
   - lois d'encaissements ;
   - lois de décaissements ;
   - indicateurs des principaux enjeux.
10. Se tenir informé de l'évolution des produits et logiciels informatiques permettant d'améliorer sa productivité.

Qualité – Sécurité – Environnement

Gérer le tableau de bord de son activité.

Outils

Informatique :

- suite bureautique, messagerie ;
- modèles de simulation financière, bases de données économiques et financières.

Intranet :

- procédures de trésorerie ;
- fiche de trésorerie ;
- tableau des prévisions de trésorerie ;
- prévision d'encaissements ;
- prévision de décaissements ;
- portefeuilles des effets ;
- tableau de bord de son activité ;
- tableau des conditions bancaires ;
- documentation des programmes informatiques et suivi de leur exploitation.

Aptitudes

Analyser des informations.

Respecter rigoureusement les processus méthodologiques.

Anticiper les évolutions dans son domaine.

Appliquer les techniques de communication.

Autres titres pour cette fonction

Comptable des banques
Responsable trésorerie
Trésorier
Directeur de trésorerie
Responsable investissements

Fiche 02-06

Contrôle de gestion

Se situant plus au niveau opérationnel qu'au plan stratégique, le contrôleur de gestion est là pour faire parler les chiffres et éclairer la direction. Mais suivant son autonomie et la précision de ses attributions, l'efficacité du titulaire variera énormément.

Dans les petites structures, un poste peut cumuler cette fonction avec d'autres fonctions de la finance ou de la comptabilité.

Dans les plus grandes structures, le titulaire peut prendre en charge un ou plusieurs centres de profits ou être spécialisé sur des secteurs, industriels ou commerciaux par exemple, à travers éventuellement des filiales.

Le terme « contrôler » s'entend ici dans le sens « gérer » « superviser » et non pas « vérifier ».

Missions

Fournir à la direction, dont il dépend, des informations pour orienter et superviser les plans d'actions.

Superviser l'application de ces orientations :

- dans le cadre d'un contrôle de gestion d'une production industrielle :
  - prix de revient ;
  - coûts de production ;
  - stocks ;
  - rentabilité des investissements ;
  - etc.
- dans le cadre d'un contrôle de gestion d'une activité commerciale :
  - prévisions de vente ;
  - objectifs commerciaux ;
  - tarifs, marges ;
  - rentabilité par produits, par marchés, par zones ;
  - coûts de distribution ;
  - etc.
- dans le cadre d'un contrôle de gestion budgétaire : révisions budgétaires.

Contrôler l'application de ces actions à travers des tableaux de bord.

Reporter à la direction le résultat de ces contrôles.

Attributions

Financier

1. Participer à la définition des objectifs au niveau opérationnel d'un service ou d'une unité de production.
2. Assister les opérationnels dans la définition des moyens financiers, humains et techniques à mettre en œuvre.
3. Établir le schéma directeur des budgets en adéquation avec les objectifs fixés.
4. Superviser la mise en place des plans d'actions.
5. Superviser le suivi des plans d'actions en :
   - mettant en place le système d'information de gestion (tableaux de bord) ;
   - mettant au point, en collaboration avec la fonction information, les procédures et outils de collecte d'informations comprises par tous et homogènes ;
   - collectant ou en faisant collecter les informations, et en les mettant en forme ;
   - analysant les tableaux de bord ;
   - transmettant à la direction ses rapports de synthèse.
6. Traiter les écarts en :
   - détectant les anomalies à court, moyen ou long terme en fonction des objectifs prévus et des résultats constatés ;
   - appréciant les causes et les effets des écarts identifiés ;
   - proposant à la direction des actions correctives à mettre en œuvre.

Outils

Informatique :

- suite bureautique, messagerie ;
- systèmes de collecte de données, de calcul divers (coût, etc.).

Intranet :

- tableaux de bord ;
- plans d'actions ;
- objectifs ;
- etc.

Aptitudes

Être organisé.

Être rigoureux dans l'analyse de la situation et des informations.

Savoir communiquer et être pédagogue.

Être en veille pour prendre des décisions innovantes ou anticipatoires pour adapter l'entreprise au changement.

Conserver un sens critique aigu.

Faire preuve d'un talent de négociateur.

Analyser des informations variées (comptables, techniques, humaines...).

Autres titres pour cette fonction	
Analyste de gestion	Directeur de gestion
Assistant au contrôle de gestion	

Credit management

Fiche 02-07

La terminologie anglaise n'a pas d'équivalent en français et est entrée dans l'usage. Voir la rubrique « Autres titres pour cette fonction » pour avoir l'intitulé le plus proche en français.

Ce type de fonction, selon la taille et le secteur d'activités de l'entreprise, est parfois combiné avec d'autres fonctions : ADV, logistique, achats, *cash management*, contrôle de gestion, etc.

Selon la taille et la vocation de l'entreprise, le titulaire intervient dans un domaine précis : trésorerie (optimisation quotidienne des flux financiers en euros ou en devises, intégrant les risques de taux et de change), crédit clientèle ou *credit management* (optimisation du poste clients par des actions préventives et curatives), gestion des risques ou *risk management* (inventaire général des risques et de leurs effets et mise en place d'outils de maîtrise des coûts), financement export (élaboration et suivi de contrats export), financement investissements (montages financiers et suivi des dossiers).

Nous avons limité ici la fonction au domaine commercial.

Certaines de ces missions sont de plus en plus souvent externalisées.

Missions

Fournir à la direction les éléments pour arbitrer entre les fonctions commerciales et financières.

Maîtriser les risques financiers en rapport avec les clients.

Participer à l'amélioration de la rentabilité de l'entreprise en réduisant les pertes dues aux avoirs clients incouvrables.

Participer à la maîtrise du besoin en fonds de roulement en maîtrisant l'encours client.

Aider les commerciaux à atteindre leurs objectifs de vente.

Attributions

Commercial

1. Être consulté avant la mise en fabrication/expédition pour les clients dont la solvabilité n'est pas reconnue.

2. Indiquer aux commerciaux les typologies de risques pour chaque segment de clientèle afin d'orienter *a priori* les équipes de vente vers les futurs clients solvables.
3. Déterminer pour les nouveaux clients, en concertation avec la direction commerciale :
   - le montant de l'en-cours autorisé ;
   - les délais, moyens et conditions de paiement.
4. Sensibiliser la force de vente aux enjeux financiers.
5. Rechercher des partenaires et des modes de financement pour l'exportation.

Financier

1. Inventorier et analyser toute forme de risques financiers en rapport avec l'activité de l'entreprise et en évaluer les conséquences.
2. Prendre des garanties (assurances-crédits, cautions, crédits ou contrats personnalisés, etc.).
3. Identifier tout ce qui peut conduire à des retards ou à des contentieux.
4. Procéder à l'évaluation du risque de non-paiement de son secteur et alimenter la base « Profil payeur ».
5. Analyser préventivement la situation financière des prospects en :
   - analysant leurs états financiers ;
   - étudiant leurs comportements de paiement ;
   - recueillant toutes les informations utiles sur leur évolution commerciale et financière, notamment auprès de la force de vente.
6. Veiller à ce que les conditions financières de la relation client soient négociées et intégrées dans le contrat.
7. Surveiller le niveau et la qualité des engagements.
8. Participer avec les directions juridiques et commerciales à la rédaction des procédures traitant le cycle client :
   - la facturation ;
   - les litiges de facturation ;
   - les relances ;
   - les recouvrements de créances.
9. Fixer les lignes de crédit.
10. Suivre l'évolution de la situation financière de chacun des clients, en particulier :
    - en-cours ;
    - en-cours prévisionnel ;
    - seuil d'en-cours.

11. Suivre l'évolution des créances, identifier les plus anciennes et calculer les provisions pour risque constituées en fonction de leur ancienneté.
12. S'assurer du respect des conditions contractuelles et prévenir la direction générale en cas de non-respect.
13. Réagir immédiatement (voie amiable ou contentieuse) en cas de non-respect des conditions négociées.
14. Superviser les relances clients (préventives et curatives, appel aux cabinets de recouvrement de créances, etc.).
15. Obtenir les certificats d'irrecouvrabilité.
16. Élaborer le tableau de bord *credit management* :
    - *days sales outstanding* ;
    - en-cours ;
    - créances ;
    - etc.

Juridique fiscal

Participer au choix de contrats d'assurance.

Ventes

Participer à la rédaction des conditions générales de vente.

Outils

Informatique :

- suite bureautique ;
- messagerie.

Intranet :

- modèles financiers, simulations, exploitation de bases de données économiques et financières ;
- accès à la partie comptabilité tiers clients du logiciel de comptabilité ;
- comptes client ;
- profil payeur ;
- conditions générales de vente ;
- tableau de bord *credit management* :
  - *days sales outstanding* ;
  - en-cours (autorisé, prévisionnel, seuil) ;
  - balance âgée ;

– créances ;
– etc.

Aptitudes

Être rigoureux dans l'analyse de la situation financière et des informations.

Avoir de réelles capacités de négociation.

Savoir communiquer et être pédagogue.

Prendre des décisions innovantes ou anticipatoires pour adapter l'entreprise au changement.

Autres titres pour cette fonction

Adjoint de direction financière
Attaché à la direction financière
Cadre financier
Cash manager

Assistanat au responsable de service

Fiche 03-01

Ce poste comprend essentiellement trois activités : assistanat, interface et secrétariat soit pour le compte du supérieur hiérarchique, soit pour les membres du service, généralement pour les deux.

Ce poste est d'autant plus important que le supérieur hiérarchique est fréquemment absent. Il nous est arrivé d'entendre parler de « couple » : responsable-secrétaire. Pour dynamiser, n'hésitez pas à permuter les secrétaires des différents responsables.

Chaque secrétaire doit définir le contenu de sa fiche de fonction avec son responsable, mais il convient de garder une homogénéité entre les titres et le contenu. Les secrétaires techniques ont des missions qui peuvent conduire à enrichir l'aspect technique du contenu du poste. Généralement la fonction en charge des ressources humaines doit pouvoir apporter les conseils nécessaires.

Ce poste peut piloter celui de standardiste (voir fiche 01-03 « Standard accueil »). Il peut être accompagné d'encadrement (voir fiche 10-01 « Encadrement de personnel »)

Missions

Assurer les missions déléguées par son supérieur hiérarchique soit pour lui directement, soit pour le service qu'il dirige.

Assister son supérieur hiérarchique dans l'exécution de ses tâches.

Assurer le secrétariat d'un ou de plusieurs responsables de l'entreprise.

Organiser et coordonner la transmission et la rédaction des informations du service.

Attributions

Communication administrative

1. Gérer la téléphonie :
   - recevoir, filtrer, transmettre les appels téléphoniques et répondre à des questions simples que lui posent ses interlocuteurs.
   - réaliser certains appels vers l'extérieur pour les collaborateurs de l'entreprise.
2. Gérer le courrier (lettre ou mails) :
   - mettre en forme et saisir le courrier sur directives générales.

- assurer l'ouverture, l'enregistrement et la diffusion du courrier selon les procédures définies.
- assurer l'affranchissement du courrier au départ, le dépôt à la poste, l'enregistrement avec la procédure interne.
- distribuer les télécopies et/ou les télex à l'arrivée. Se charger des émissions.

3. Proposer, mettre en place et contrôler les procédures d'émission de courrier :
   - qui signe ?
   - comment repère-t-on les courriers émis et reçus ?
   - système de référencement et responsabilité du suivi ;
   - contrôle du nombre d'exemplaires et de leur destination.
4. Organiser les réunions de travail : inviter les personnes concernées, s'assurer de la préparation de la salle. Éventuellement, assister à la réunion et rédiger les comptes rendus.
5. Assurer les liaisons entre les services de l'entreprise. Recevoir délégation pour des travaux d'organisation concernant plusieurs services.

Systèmes d'information et organisation

Assurer la tenue, le classement et l'archivage des dossiers et de la documentation de son supérieur.

Divers

1. Recenser les besoins en fournitures de bureau du service, et gérer leur approvisionnement.
2. Recevoir et assurer délégation :
   - pour gérer le budget de son service ;
   - pour suivre et assumer la responsabilité des contrats du matériel de bureau (photocopieur, télex, télécopieur, machine à affranchir…) ;
   - pour représenter, éventuellement, l'entreprise lors de manifestations particulières : salons, foires…
3. Assurer l'assistance de son supérieur :
   - pour tenir l'agenda, prendre ses rendez-vous, gérer son planning ;
   - pour organiser les déplacements en prenant en charge toute l'organisation matérielle (réservations, achat des billets de transport, location de voiture, préparation de documents…) ;
   - pour préparer certains dossiers après avoir reçu les indications nécessaires.
4. Prendre en charge, de manière autonome, des missions particulières sur la demande de son supérieur.
5. Accueillir les visiteurs.

Outils

Procédures de traitement du courrier (émission, signature, ouverture et distribution).

Informatique :

- suite bureautique ;
- messagerie.

Favoris Internet :

- horaires de transport ;
- location véhicules ;
- hôtels ;
- renseignements téléphoniques.

Intranet :

- plannings (congés, conseils d'administration/de surveillance, réunions de direction, visites prévues dans l'entreprise, etc.) ;
- organigramme de la société ;
- répertoire téléphonique ;
- manuel qualité.

…

Aptitudes

Rester discret.

Maîtriser parfaitement les outils bureautiques.

Connaître les particularités techniques des domaines juridique, fiscal, commercial…

Savoir hiérarchiser l'urgence des demandes.

Savoir prendre des initiatives.

Autres titres pour cette fonction

Assistante de direction
Agent administratif
Employé administratif
Secrétaire de direction
Attachée de direction
Assistant d'ingénieur

Fiche 03-02 Emploi administratif

Cette fiche est un *addendum* aux postes ayant une dimension administrative. Dans presque tous les services de l'entreprise il existe des postes d'employé administratif qui sont bien identifiés ou qui sont une des composantes d'un poste plus large, généralement un poste de secrétariat ou d'assistance. Il est impératif de connaître la manipulation des outils informatiques pour pouvoir occuper ce type de poste.

Il est important de compléter cette définition par les spécificités du service auquel ce poste est rattaché et de créer des procédures de travail.

Le titulaire peut encadrer du personnel (voir la fiche 10-01 « Encadrement de personnel »).

Voir également la fiche 01-03 « standard accueil ».

Mission

Assurer diverses tâches administratives.

Attributions

Divers

1. Effectuer des travaux comportant l'analyse et l'exploitation d'informations dans les différents domaines de la gestion administrative (financier, personnel, juridique, commercial, technique...) suivant des instructions précises.
2. Réaliser des tâches courantes de tri, de classement, de codification, d'enregistrement et de mise à jour en utilisant un logiciel de type bureautique.

Outils

Informatique :

- suite bureautique ;
- logiciel dédié à l'activité messagerie.

Intranet :

- manuel qualité ;
- documents divers ayant trait aux procédures propres au domaine concerné :
  - financier ;
  - personnel ;

- juridique ;
- commercial.
- indicateurs des performances ;
- tableau de bord de l'activité.

Aptitudes

Maîtriser parfaitement les outils bureautiques.

Connaître les particularités techniques des domaines juridique, fiscal, commercial…

Savoir hiérarchiser l'urgence des demandes.

Autres titres pour cette fonction

Agent administratif
Archiviste-documentaliste
Archiviste-classement
Employé
Employé de bureau
Employé-dactylo
Employé de bureau spécialisé
Employé polyvalent
Employé de service administratif
Employé de service commercial
Facturier

Management des ressources humaines

Suivant la culture de l'entreprise, les tâches pouvant avoir une incidence sur le climat social (négociations avec les délégués, résolution des conflits, etc.) pourront être de la responsabilité de la direction.

Missions

Élaborer, avec la direction générale la politique sociale de l'entreprise et veiller à son application.

Effectuer les analyses quantitatives et qualitatives nécessaires à la gestion des ressources humaines souhaitée par l'entreprise.

Rechercher la motivation du personnel de la société.

Veiller au respect de la législation sociale et du règlement intérieur, et à l'application des procédures internes.

Proposer et mettre en œuvre toutes les actions destinées à :

- définir avec la direction générale une politique salariale conforme aux pratiques de la profession et tenant compte de la spécificité de l'entreprise (positionnement, marché, région, résultats) ;
- superviser l'établissement de la paie ;
- veiller à l'évolution des conditions de travail dans l'établissement ;
- gérer l'évolution des ressources humaines.

Produire le bilan social de l'entreprise.

Attributions

Gestion des ressources humaines

1. Définir la politique de gestion des emplois (embauches, départ…) en tenant compte des spécificités de l'entreprise : pyramide des âges, niveaux de formation, etc.
2. Intervenir dans tout ce qui concerne :
   - les embauches ;
   - les mutations ;
   - les promotions ;
   - les licenciements ;
   - les sanctions disciplinaires.

3. Élaborer les règlements internes en matière de classification et de qualification.
4. Centraliser les besoins en personnel dans le cadre du développement planifié.
5. Assurer le recrutement du personnel de l'entreprise en liaison avec les différents responsables, ou les sous-traiter à un organisme spécialisé.
6. Veiller à l'adéquation permanente des compétences existantes avec les besoins à court et long termes de l'entreprise.
7. Mettre en place et exploiter des outils de gestion prévisionnelle :
   - analyse de l'évolution et des besoins futurs de l'entreprise ;
   - définition des fonctions actuelles et prévisionnelles, des qualifications...
   - évaluation des potentialités permettant de gérer les évolutions et promotions ;
   - mise en place et suivi du système d'appréciation du personnel, analyse des résultats et proposition d'actions adaptées.
8. S'informer des niveaux de rémunération dans la profession.
9. Étudier et proposer les systèmes de rémunération, et préparer éventuellement les négociations salariales.
10. Proposer les ajustements de salaire.
11. Proposer des ajustements des avantages sociaux, primes, etc.
12. Coordonner l'établissement du plan de formation de la société au niveau de chaque fonction. En assurer le suivi.
13. Assurer des relations avec les fournisseurs de prestations liées à la formation (organismes de formation continue, conseils en communication interne...).
14. Gérer les relations avec l'Éducation nationale (politique de stages, visites d'usines...)
15. Mettre au point le tableau de bord du personnel et le soumettre à la direction générale.
16. Faire établir les statistiques concernant le personnel. Collecter l'ensemble des données sociales (salaires moyens, absentéisme, ancienneté, nombre de CDD) et les exploiter sous forme de tableaux de bord et d'indicateurs.
17. Faire la synthèse des analyses aux responsables, ainsi qu'aux collaborateurs concernés.
18. Élaborer les éléments des contrats de travail. Les faire établir puis les soumettre à la direction générale.
19. Assurer l'intégration des nouveaux entrants dans l'entreprise.

20. Participer à l'élaboration des budgets concernant les dépenses directes et indirectes de personnel, en termes :
    - d'embauches ;
    - de mutations ;
    - de promotions ;
    - de licenciements.
21. Gérer le budget de formation dans le respect du cadre légalement défini.
22. Superviser l'exécution des budgets sociaux.
23. Préparer les éléments pour le calcul de la paye du personnel.
24. Organiser les congés payés en accord avec les responsables de fonction.
25. Organiser les horaires en accord avec les responsables de fonction.
26. Proposer des adaptations du règlement intérieur.
27. Gérer les régimes de retraite et de prévoyance dans l'entreprise.
28. Superviser, établir les déclarations réglementaires et veiller à la tenue des livres obligatoires.
29. Suivre l'évolution de la convention collective. Informer la direction générale et les responsables de fonction de toute modification les concernant.
30. Être responsable du respect des procédures en termes de visite médicale, mise en place des actions décidées par le médecin du travail, etc.
31. Représenter, par délégation de la direction générale, la société auprès de l'Inspection du travail et des services de la main-d'œuvre et de tout organisme social.

Comptabilité

Établir le bilan social de la société.

Développement

Assister la direction générale dans la définition et dans l'actualisation de l'organigramme de la société.

Climat social

1. Assister la direction générale dans la préparation et, le cas échéant, dans l'animation des réunions du personnel.
2. Mettre en œuvre les élections du personnel.
3. Organiser les réunions des représentants du personnel dans le cadre légalement défini.
4. Assurer les contacts courants avec les représentants du personnel.

5. Présider ou déléguer la présidence de toutes les réunions du personnel :
   - comité d'entreprise ;
   - CHSCT ;
   - etc.
6. Veiller à ce que les représentants du personnel puissent s'exprimer dans le cadre légalement défini.
7. Diffuser toutes les informations obligatoires auprès des représentants du personnel et des salariés (règlement intérieur, horaires, plan d'évacuation des locaux, prévention, règles d'hygiène et de sécurité), et veiller à leur application auprès des responsables de fonction.
8. Conseiller et assister la direction générale et les responsables de fonction dans le règlement des conflits individuels ou collectifs.
9. Assister la direction générale dans les contacts avec les salariés et leurs représentants, avec ou sans la responsabilité finale de décision.
10. Préparer les négociations collectives en liaison avec les responsables de fonction. Le cas échéant, assister la direction générale.

Outils

Informatique :

- suite bureautique ;
- logiciel dédié à l'activité RH.

Favoris Internet :

- Légifrance (Code du travail, conventions collectives, etc.) ;
- DDTEFP ;
- etc.

Intranet :

- manuel qualité ;
- organigramme de l'entreprise ;
- fiches de fonction ;
- plan de formation ;
- plan d'embauche ;
- état de présence ;
- plan de congés ;
- éléments nécessaires pour le calcul de la paye du personnel ;
- information et analyse de la concurrence :

  - produits ;
  - marché.
- échéancier des travaux :
  - études de marché ;
  - analyses ;
  - etc
- résultats et mesures des actions de l'entreprise.

Documents qui doivent être formalisés, actualisés et disponibles :

- procédures de gestion du personnel :
  - embauche ;
  - licenciement ;
  - évaluation-cotations ;
  - formation.
- règlement intérieur ;
- convention collective ;
- horaires et documents définis légalement par l'Inspection du travail ;
- journal des entrées et sorties.

Affichages obligatoires :

- adresse et téléphone du médecin du travail ou du centre interentreprises de médecine du travail ;
- adresse, téléphone et nom de l'inspecteur du travail ;
- téléphone des services de secours d'urgence tels que les pompiers et le SAMU ;
- règlement intérieur.

Information du comité d'entreprise :

- trimestriellement :
  - évolution générale des commandes ;
  - évolution de la situation financière ;
  - exécution des programmes de production.
- semestriellement :
  - éventuelles transformations technologiques, nouveaux matériels, investissements, etc.
  - leurs incidences sur l'emploi ou l'organisation.
  - l'évolution des effectifs par sexe, qualification, statut (pour les CDD), motifs (pour les intérimaires).

Aptitudes

Argumenter et convaincre.

Être à l'écoute des attentes d'autrui.

Créer une relation de partenariat.

Réagir rapidement aux problèmes.

Recueillir et exploiter des données avec méthode.

Respecter rigoureusement les processus méthodologiques.

Interpréter les réglementations et en peser les effets pour l'entreprise.

Être rigoureux dans les processus de gestion du personnel.

Être discret.

Autres titres pour cette fonction

Responsable ressources humaines — Responsable du personnel

Administration du personnel

Suivant la taille de l'entreprise, le poste peut concerner une partie de la fonction ressources humaines (paie, pointage…) ou être plus globale.

Mission

Assurer la gestion administrative du personnel, en particulier l'établissement des salaires et des déclarations sociales.

Attributions

Gestion des ressources humaines

1. Collecter les éléments de base concernant les salaires auprès des services.
2. Vérifier la cohérence de ces éléments et les saisir.
3. Établir les bulletins de paie et la liste des virements.
4. Établir les déclarations sociales.
5. Comptabiliser les salaires et les charges sociales.
6. Justifier les comptes des salariés.
7. Assurer les travaux liés aux calculs de l'intéressement et/ou de la participation.
8. Assurer le suivi des :
   - congés payés ;
   - heures supplémentaires ;
   - maladies et absences ;
   - primes.
9. Tenir à jour et gérer le fichier du personnel et les dossiers des personnes en conformité avec les obligations édictées par la CNIL. S'assurer que l'entreprise respecte la loi concernée.
10. Établir les contrats de travail sur instruction du responsable en charge des ressources humaines.
11. Enregistrer les mouvements du personnel (CDI, CDD intérimaires, travailleurs étrangers).
12. Faire les demandes d'indemnités journalières.
13. Fournir les informations et les données sociales aux responsables habilités à les recevoir.

14. Assurer le suivi des actions de formation, mettre à jour les dossiers individuels et le plan de formation.
15. Élaborer la brochure d'accueil de nouveaux embauchés.
16. Répondre aux salariés sur la base d'un document précisant les limites d'autonomie.

Qualité – Sécurité – Environnement

1. Établir les déclarations d'accidents du travail.
2. Organiser les visites médicales avec la médecine du travail.
3. Alimenter les tableaux de bord de l'activité.

Outils

Informatique :

- suite bureautique ;
- logiciel dédié à l'activité RH.

Favoris Internet :

- Code du travail, conventions collectives, etc.
- DDTEFP ;
- etc.

Intranet :

- manuel qualité ;
- organigramme de l'entreprise ;
- procédures de gestion du personnel :
  - embauche ;
  - licenciement ;
  - évaluation-cotations ;
  - formation.
- calendriers de production des informations :
  - bulletins de salaires ;
  - cotisations ;
  - DAS ;
  - prévisions de présence du personnel (congés).
- règlement intérieur ;
- horaires et documents définis légalement par l'Inspection du travail :
  - consignes d'hygiène et de sécurité ;

- règles de prévention ;
- procédures à appliquer en cas de problèmes (qui faire intervenir, numéro d'urgence, plan d'évacuation des locaux, identification des risques potentiels et de leur traitement).
- fichier du personnel et documents légalement obligatoires :
  - livre de paye ;
  - registre du personnel ;
  - répertoire des accidents du travail ;
  - contrats de travail ;
  - grilles de salaires ;
  - niveaux de rémunération dans la profession.
- plan de formation ;
- brochure d'accueil pour les nouveaux embauchés ;
- manuel qualité ;
- etc.

Aptitudes

Recueillir et exploiter des données avec méthode.

Respecter rigoureusement les processus méthodologiques.

Interpréter les réglementations et en peser les effets pour l'entreprise.

Être rigoureux dans les processus de gestion du personnel.

Être discret.

Autres titres pour cette fonction

Assistant service du personnel
Gestionnaire du personnel
Responsable paie

Formation

Suivant la taille de l'entreprise le formateur pourra être à la tête d'un service et encadrer d'autres formateurs, voire sous-traiter certaines formations.

De par sa connaissance des capacités d'évolution des salariés et des métiers de l'entreprise, le formateur peut être invité à participer au recrutement des collaborateurs.

Missions

Participer à la préparation des actions de formation.

Transmettre des savoirs ou des savoir-faire.

Attributions

Gestion des ressources humaines

1. Participer à l'élaboration du plan de formation en :
   - analysant des demandes de formation ;
   - calculant les coûts ;
   - donnant son avis sur les capacités des stagiaires ;
   - aidant les responsables de fonction à élaborer un plan de formation ;
   - aidant les ressources humaines à élaborer un itinéraire de formation.
2. Participer à l'élaboration de méthodes en :
   - définissant le contenu pédagogique ;
   - sélectionnant ou mettant au point des outils pédagogiques.
3. Préparer les dossiers de demandes d'aide de financement.
4. Sélectionner éventuellement des formations assurées par des organismes extérieurs à l'entreprise.
5. Préparer les formations (supports, réservation de salles, de matériel, etc.).
6. Réaliser les formations en :
   - s'appuyant sur les outils et techniques à sa disposition ;
   - s'adaptant aux différents participants ;
   - produisant les supports adaptés.
7. Évaluer les résultats pour :
   - constater le niveau atteint ;
   - adapter le contenu des formations.

8. Remplir le tableau de compétences, les fiches de qualifications.
9. Établir les attestations de réussite ou d'échec.
10. Entretenir des relations avec les entités en relation avec son domaine (congrès, etc.).
11. En cas de besoin, assurer une tâche opérationnelle dans son domaine.

Outils

Informatique :

- suite bureautique ;
- logiciel dédié à l'activité RH.

Intranet :

- manuel qualité ;
- plan de formation ;
- fiches de qualification ;
- modèles d'attestation ;
- supports des cours ;
- etc.

Aptitudes

Argumenter et convaincre.

Appliquer les techniques de communication.

S'exprimer de façon claire et concise.

Comprendre une demande.

Faire preuve de créativité et d'anticipation pour concevoir et formuler des propositions.

Être à l'écoute des attentes d'autrui.

S'adapter à des partenaires variés.

Se tenir informé des évolutions dans son domaine.

Savoir s'imposer.

Autre titre pour cette fonction

Formateur

Direction des systèmes d'information

Ce poste n'existe que dans les entreprises d'une taille conséquente ou dans lesquelles le traitement de l'information revêt un caractère stratégique.

Dans une autre structure, les missions pourront être distribuées entre le responsable informatique et son supérieur hiérarchique (direction administrative et financière par exemple ou encore la direction générale).

Ses responsabilités portent essentiellement sur les domaines administratif, industriel, scientifique et technique.

Missions

Diriger et coordonner les activités de traitements de l'information :

- informatique (bureautique, production, etc.) ;
- réseaux ;
- sécurité des données ;
- développement ;
- éventuellement, management des connaissances.

Participer au développement de l'entreprise en optimisant le fonctionnement de ses services.

Assurer la performance globale des systèmes et de leur exploitation.

Adapter les systèmes d'information à la stratégie de l'entreprise.

Rendre compte à la direction générale.

Attributions

Information

1. Assumer l'encadrement du service informatique et de son personnel.
2. Élaborer le schéma directeur en s'assurant :
   - qu'il est adapté à la stratégie de l'entreprise ;
   - que ses différents éléments sont cohérents entre eux ;
   - qu'il inclut la définition des moyens humains et techniques.
3. Faciliter et/ou inciter les changements organisationnels prévus dans le schéma directeur.
4. Valider et superviser la mise en œuvre du plan informatique annuel en s'assurant :

- de sa conformité avec le schéma directeur ;
- de la disponibilité des ressources humaines et techniques ;
- de l'atteinte de ses objectifs au moindre coût.

5. Superviser l'application du plan informatique annuel.
6. Valider les budgets et établir le budget informatique.
7. Valider les nouveaux projets.
8. Valider les choix des équipements (matériels, logiciels, réseaux).
9. Valider les conditions avec les prestataires.
10. Valider le calendrier de mise en œuvre des applications informatiques.
11. Participer à l'élaboration de la politique de *knowledge management* puis la valider.
12. Assurer à la fonction *konowledge management* les moyens de sa mission.
13. Contrôler l'application des procédures de sécurisation des données.
14. Superviser la bonne marche de l'exploitation à travers :
    - des actions de contrôle régulier du bon fonctionnement et des performances des serveurs (infrastructure, application et bureautique) ;
    - des actions de contrôle régulier de la bonne administration et maintenance des bases de données.

Qualité – Sécurité – Environnement

1. Surveiller les tableaux de bord de son service. Prendre des actions correctives en cas de dérive.
2. Valider les procédures de son service.

Outils

Informatique :

- suite bureautique ;
- messagerie ;
- outils de gestion de projet.

Intranet :

- manuel qualité ;
- schéma directeur ;
- cahier des charges ;
- tableau des moyens disponibles ;
- planning des activités du service ;

- tableau de bord de l'activité du service ;
- procédures organisationnelles des différents services.

Aptitudes

Pratiquer l'anglais courant.

Anticiper les besoins.

Être concret.

Animer son équipe.

Savoir prendre des avis avant de décider.

Entretenir un équilibre entre les fonctions de réflexion et d'animation.

Être rigoureux dans l'analyse de la situation financière.

Autres titres pour cette fonction

Directeur informatique
Directeur de l'organisation et de l'informatique
Directeur du système d'information

Fiche 05-02 Management informatique

Suivant la taille et l'objet de l'entreprise ce poste peut prendre en charge les missions décrites dans les fiches « Direction des systèmes d'information », « Management réseaux » et « Management de la sécurité des systèmes d'information ».

Le titulaire du poste peut aussi superviser les deux dernières fonctions ainsi que la fonction « Développement ».

Enfin, ces différentes fonctions peuvent être sous-traitées.

Missions

Mettre en œuvre la partie du plan informatique annuel concernant ses domaines de responsabilité.

Diriger et coordonner éventuellement les activités de traitements de l'information :

- réseaux ;
- sécurité des données ;
- développement.

Proposer des améliorations en vue d'accroître la performance et de réduire les coûts des systèmes sous sa responsabilité.

Superviser la sous-traitance.

Attributions

Information

1. Recenser, en liaison avec les différents services, les besoins informatiques de l'entreprise.
2. Collaborer à l'établissement du schéma directeur.
3. Élaborer le plan informatique annuel en :
   - l'adaptant à la stratégie de l'entreprise ;
   - coordonnant les différents éléments issus des fonctions sécurité et réseaux ;
   - définissant les moyens humains et techniques à mettre en œuvre.
4. Mettre en application ce plan après validation pas sa hiérarchie.

5. Assurer les liaisons avec les constructeurs de matériel informatique et les fournisseurs de logiciels.
6. Proposer le budget de fonctionnement de son service et le gérer après validation par sa hiérarchie.
7. Proposer toute amélioration ou changement du matériel existant, après avoir fait les études de justification nécessaires. Suivre l'évolution des matériels et chercher à obtenir le meilleur rapport qualité-coût.
8. Assister la direction dans le choix des systèmes.
9. Coordonner l'élaboration du plan d'informatisation de la société.
10. Être l'interlocuteur pour les phases :
    - d'étude de la faisabilité ;
    - de conception ;
    - de réalisation des applications ;
    - de mise en place ;
    - de formation ;
    - de maintenance.
11. Préparer avec les prestataires :
    - le budget ;
    - le planning ;
    - les résultats attendus et les conséquences sur l'organisation du travail.
12. Contrôler l'activité et la bonne exécution des travaux des prestataires.
13. Assurer la mise en route des applications informatiques nouvelles.
14. Établir le calendrier de mise en œuvre des applications informatiques. L'actualiser en fonction des applications nouvelles. Le soumettre pour accord aux fonctions concernées.
15. Faire l'analyse et la synthèse des résultats obtenus grâce à l'outil informatique et déterminer les évolutions à apporter. Être associé à toute étude de remise en cause de l'organisation existante.
16. Superviser l'exploitation informatique des données.
17. Garantir la qualité, la fiabilité et l'intégrité des informations diffusées.
18. Fournir en temps utile aux différents services les données chiffrées de nature à préparer leurs décisions et à aider leur gestion.
19. Veiller à la formation et à la compréhension par le personnel des procédures mises en place.
20. Inciter le changement dans un souci d'efficience.
21. Veiller à la bonne exécution de l'assistance bureautique.

Qualité – Sécurité – Environnement

1. Mettre en œuvre des améliorations des procédures, y compris pour la saisie des informations.
2. Détenir le cahier des procédures internes établi pour son activité. Veiller à la cohérence et à l'adéquation des procédures aux objectifs d'organisation de la société.

Outils

Informatique :

- suite bureautique ;
- messagerie ;
- outils de pilotage de projet.

Favoris Internet :

- sites des opérateurs (maintenance, liaison) ;
- sites des fournisseurs (maintenance) ;
- etc.

Intranet :

- manuel qualité ;
- messagerie, agenda partagé et gestionnaires de tâches ;
- schéma directeur ;
- plan informatique annuel ;
- cahier des charges ;
- tableau des moyens disponibles ;
- dossier d'analyses fonctionnelles et organiques ;
- modes opératoires ;
- planning des activités du service ;
- tableau de bord de l'activité du service ;
- procédures organisationnelles des différents services.

Aptitudes

Comprendre une demande.

Proposer des modifications dans les produits et les équipements utilisés.

Faire preuve de créativité et d'anticipation pour concevoir et formuler des propositions.

Développer des liaisons techniques et fonctionnelles.
Anticiper les évolutions dans son domaine.
S'adapter à des partenaires variés.
Se tenir informé des évolutions dans son domaine.
Être discret.

Autres titres pour cette fonction

Responsable informatique
Responsable service informatique
Ingénieur en organisation informatique
Organisateur informaticien

Management de la sécurité des systèmes d'information

Cette fonction concerne toutes les entreprises. Elle peut être assurée en interne ou sous-traitée.

Mission

Assurer une prise en charge de la sécurité des systèmes d'information au sein de l'établissement.

Attributions

Systèmes d'information et organisation

1. Analyser les risques et définir un plan d'actions pour y remédier.
2. Définir et piloter la politique de sécurité.
3. Définir les standards et les procédures de sécurité sur l'ensemble des champs techniques.
4. Contrôler et auditer la mise en œuvre de ces mesures.
5. Participer aux projets touchant de peu ou de près à la sécurité en général.
6. Coordonner les actions de sensibilisation et de communication.
7. Conseiller les employés sur les aspects sécurité.
8. Rendre compte à la direction générale.
9. Assurer la veille technologique.
10. Assurer la formation au personnel.

Outils

Politique de sécurité des systèmes d'informations :

- politiques de sécurité opérationnelles ;
- plan d'actions ;
- outils de communication (tableaux de bord, supports de sensibilisation, etc.).

Méthodes d'analyse de risques :

- MEHARI ;
- EBIOS ;
- etc.

Normes de sécurité :

- ISO 2700x.

Aptitudes

Analyser des informations.

Percevoir et synthétiser des problèmes.

Traduire en plans d'action concrets les résultats des investigations théoriques.

Respecter rigoureusement les processus méthodologiques.

Se tenir informé des évolutions dans son domaine.

S'adapter aux nouvelles technologies.

Autres titres pour cette fonction

Responsable de la sécurité des systèmes d'information

Responsable de la sécurité informatique

Fiche 05-04

Knowledge management

La gestion de la connaissance agit sur deux niveaux : par la convergence et par la divergence :

- la convergence, c'est-à-dire la collecte, l'identification et l'organisation, donne de la valeur à la connaissance ;
- la divergence, c'est-à-dire la diffusion et l'échange, permet la création de connaissance.

Dans une entreprise ne permettant pas de créer un poste dédié au *knowledge management*, cette fonction, dans sa partie technique, pourra, par exemple, être occupée à temps partiel par le responsable informatique qui, de par ses fonctions, connaît l'ensemble des acteurs, l'ensemble des informations et maîtrise les supports informatiques de ces informations.

Missions

Organiser et valoriser les réseaux d'experts internes à l'entreprise.

Sensibiliser à, et développer une culture (une atmosphère favorable) de partage de connaissances, d'échange d'informations, de réflexion commune.

Rationaliser la production, la diffusion et l'archivage des documents.

Attributions

Information

1. Élaborer la politique de *knowledge management* en assurant :
   - l'équilibre entre l'humain et le système d'information ;
   - la cohérence avec la stratégie de l'entreprise ;
   - l'apport pour le service rendu au client.
2. Mettre en œuvre cette politique après validation par sa hiérarchie.
3. Identifier les savoirs, les savoir-faire, les manières de penser et d'agir qui constituent le capital de connaissance.
4. Identifier les besoins :
   - en système d'information ;
   - en expertise.
5. Constituer le réseau d'experts et le manager.
6. Superviser la création d'un système d'information permettant :

   - d'organiser les informations ;
   - de disséminer efficacement les connaissances.
7. Superviser la collecte des informations.
8. Évaluer la criticité des connaissances de l'entreprise et veiller au transfert des connaissances critiques (par la mise en place d'actions, en collaboration avec les ressources humaines).
9. Manager le réseau d'experts sur le contenu.
10. Mettre en place des procédures d'échange (réunions, etc.).
11. Élaborer les rapports, notes de synthèse et présenter les résultats de son secteur d'activité.
12. Formuler des propositions, inventer des scénarios, préconiser des choix.
13. Organiser des collectes à la demande (études ponctuelles).

Qualité – Sécurité – Environnement

1. Concevoir et mettre en œuvre des indicateurs opérationnels.
2. Reporter les indicateurs prévus dans le tableau de bord de son activité.

Outils

Méthodologiques :

- cartographie des connaissances ;
- analyse de criticité des connaissances ;
- méthodes de formalisation de la connaissance (MASK, CommonKADS, KOD, CYGMA, RPC) ;
- méthodes de retour d'expérience (REX, RETEX, MEREX...).

Informatique :

- suite bureautique ;
- messagerie ;
- outils de gestion des bases de connaissances.
- Favoris Internet : sites de la profession, etc.

Intranet :

- manuel qualité ;
- tableaux de bord ;
- plan de formation ;
- etc.

Aptitudes

Médiatiser des informations.

S'exprimer de façon claire et concise.

Présenter une image positive de l'entreprise.

Entraîner son équipe à adhérer au projet d'entreprise.

Analyser des informations.

Être à l'écoute des attentes d'autrui.

Échanger des informations avec les collaborateurs.

Créer une relation de partenariat.

Développer des liaisons techniques et fonctionnelles.

S'adapter à des partenaires variés.

Recueillir et exploiter des données avec méthode.

Se tenir informé des évolutions dans son domaine.

Autres titres pour cette fonction

Knowledge manager — Know-how manager

Analyse et programmation informatique

Dans les services de petite taille, il est exigé une grande polyvalence (l'informaticien d'étude pouvant être le seul technicien informatique de l'entreprise).

Dans les services importants, où la division du travail est forte, les attributions sont plus spécialisées.

Le poste sera probablement spécialisé dans un domaine : informatique de gestion, informatique industrielle, informatique scientifique et technique, multimédia, Internet, Intranet, Extranet.

Missions

Participer à la spécification d'une application informatique.

Développer tout ou partie d'une application informatique.

Rédiger la documentation afférente à une application informatique (mode d'emploi, maintenance).

Assurer l'assistance technique aux utilisateurs.

Se tenir informé des dernières technologies.

Attributions

Informations

1. Estimer la charge en fonction du cahier des charges qui a été validé par sa hiérarchie et le client.
2. Rédiger les spécifications en se fondant sur le cahier des charges.
3. Rédiger le plan de validation en se fondant sur les spécifications. Le faire valider par sa hiérarchie et par le client.
4. Proposer des choix technologiques et des outils de diagnostic à sa hiérarchie.
5. Concevoir l'architecture de l'application en faisant appel aux modules déjà existants (en interne ou non) et en cherchant à optimiser (développement, maintenance, évolution) au meilleur coût.
6. Affiner l'analyse, coder et tester en suivant les méthodes en vigueur dans son service et en documentant les différentes étapes.
7. Rédiger le guide d'utilisation et le manuel de maintenance de l'application dans la langue demandée par le client.

8. Installer l'application chez le client et former les utilisateurs.
9. Assurer la correction des défauts détectés et les documenter.
10. Trouver tous les moyens d'information (revues, colloques, etc.) pour connaître les évolutions des outils ou méthodes afin d'optimiser le développement.

Outils

Informatique :

- suite bureautique ;
- messagerie ;
- outils :
  - de spécification ;
  - de développement ;
  - de traçabilité ;
  - de gestion de configuration ;
  - de pilotage de projet ;
  - de codage ;
  - de test.

Favoris Internet : supports des outils de développement, etc.

Intranet :

- manuel qualité (procédures de développement) ;
- cahier des charges ;
- spécifications ;
- normes ;
- plans :
  - de validation ;
  - de gestion de configuration ;
  - etc.
- documentation

Aptitudes

Analyser des informations.

Percevoir et synthétiser des problèmes.

Anticiper et apprécier la charge de travail pour la planifier.

Faire preuve de créativité et d'anticipation pour concevoir et formuler des propositions.

S'adapter à des partenaires variés.

Se tenir informé des évolutions dans son domaine.

travailler en équipe en assurant le maximum de visibilité à son management.

Présenter une image positive de l'entreprise.

Autres titres pour cette fonction

Analyste-programmeur
Concepteur informatique
Informaticien d'application/
de développement
Ingénieur informaticien
Webmaster conception réalisation
de site Web
Webmestre

Fiche 05-06

Prise en charge de l'informatique dans un service

L'ensemble des compétences décrites ci-dessus doivent permettre au titulaire d'être l'interlocuteur privilégié des utilisateurs du système informatique (système central + micro-ordinateurs) au niveau de son service.

Il doit être à même de recentrer l'utilisation des outils informatiques, renseigner les utilisateurs bloqués devant un écran et les former, proposer l'extension de l'utilisation de l'informatique à son (ses) responsable(s) et au service informatique.

Il doit avoir une vision globale du système, être conscient de l'enjeu de la cohérence globale du système d'information et des dangers liés aux systèmes parallèles et à la redondance d'informations.

Il est possible d'affecter ces missions à une personne qui occupe déjà une autre fonction.

Missions

Assurer la liaison entre les utilisateurs, le service informatique ou les prestataires externes.

Être l'interlocuteur privilégié des utilisateurs pour les problèmes informatiques (matériel, réseau, logiciel).

Garantir la cohérence et l'intégrité du système d'information sous sa responsabilité.

Préparer et assurer l'évolution du système d'information, en étroite collaboration avec le service informatique et chaque responsable de service concerné.

Attributions

Information

1. Exécuter les actions qui lui sont affectées et qui découlent du plan informatique annuel.
2. Installer le matériel (connexions réseau, etc.) et les logiciels (paramétrages, etc.).
3. Adapter les méthodes aux spécificités du service après accord du responsable du service informatique, répercuter ces modifications dans le manuel qualité.

4. Former les utilisateurs à l'utilisation des systèmes sous sa responsabilité.
5. Assurer les dépannages de premier niveau tant matériel que logiciel.
6. Reporter au service informatique les problèmes pour lesquels il ne trouve pas de solution.
7. Apporter une assistance sur les méthodes aux utilisateurs.
8. Relayer (note de service, sensibilisation, etc.) auprès des utilisateurs, les informations transmises par le service informatique.
9. Prendre en compte les demandes des utilisateurs, les formaliser et les transmettre au service informatique.
10. Reporter au service informatique les remarques des utilisateurs.
11. Préparer l'évolution des systèmes sous sa responsabilité en proposant des solutions qui tiennent compte :
    - du schéma directeur ;
    - des avancées technologiques ;
    - de la cohérence de l'ensemble ;
    - du coût ;
    - de l'optimisation des performances.
12. S'assurer que le système est utilisé correctement, qu'il n'est pas détourné de ses fonctions ni modifié sans accord.

Qualité – Sécurité – Environnement

Reporter les informations prévues (performances, disponibilités, interventions, pannes, etc.) dans le tableau de bord de son activité.

Outils

Informatique :
- suite bureautique ;
- messagerie ;
- outils de pilotage de projet.

Favoris Internet :
- sites des fournisseurs (maintenance) ;
- etc.

Intranet :
- manuel qualité ;
- schéma directeur ;

- plan informatique annuel ;
- licence et droit d'utiliser des différents programmes ;
- documentation concernant le matériel et les logiciels ;
- documentation générale concernant les fournitures ;
- état des lieux de l'informatique :
  - – descriptif des postes de travail ;
  - – descriptif de la nature des exploitations ;
  - – etc.

Aptitudes

Comprendre une demande.

Proposer des modifications dans les produits et les équipements utilisés.

Faire preuve de créativité et d'anticipation pour concevoir et formuler des propositions.

Développer des liaisons techniques et fonctionnelles.

Anticiper les évolutions dans son domaine.

S'adapter à des partenaires variés.

Se tenir informé des évolutions dans son domaine.

Autres titres pour cette fonction

Faciliteur informatique	Responsable bureautique micro

Management réseaux

Fiche 05-07

L'architecture des réseaux comprend aussi les lignes Télécom.

Le poste peut comprendre une partie d'encadrement (voir la fiche 10-01 « Encadrement de personnel »).

Suivant la taille et l'objet de l'entreprise, ce poste peut se confondre avec d'autres comme celui de responsable informatique.

Missions

Participer à l'élaboration et à la mise en application du schéma directeur.

Participer à l'élaboration et à la mise en application du plan informatique annuel.

Proposer et mettre en place le schéma réseaux (architecture et le choix des opérateurs).

Maintenir la performance des réseaux.

Assister les utilisateurs.

Attributions

Information

1. Concevoir l'architecture des réseaux ou la modification de ceux-ci en :
   - recensant les besoins ;
   - évaluant les risques techniques et financiers ;
   - vérifiant la conformité réglementaire.
2. Rédiger les cahiers des charges pour les opérateurs en incluant en particulier la qualité du service.
3. Intégrer dans le schéma directeur les parties le concernant.
4. Prendre en compte les parties du plan informatique annuel le concernant.
5. Superviser la mise en place de l'architecture.
6. Valider l'architecture.
7. Former les équipes d'exploitation.
8. Définir les missions et objectifs prioritaires de ces équipes.
9. Assurer le service en :
   - diagnostiquant les anomalies ;
   - contrôlant la sécurité, l'intégrité et la performance des réseaux ;
   - suivant et contrôlant les opérateurs ;

- optimisant les coûts.

10. Se tenir informé des évolutions technologiques (revues, colloques, etc.).
11. Informer les utilisateurs des fonctions et limites des réseaux ainsi que des modifications apportées.

Outils

Informatique :

- suite bureautique ;
- messagerie ;
- outils de conception et de pilotage (HP Openview, Sniffer, etc.).

Favoris Internet :

- sites des opérateurs (maintenance, liaison) ;
- sites des fournisseurs (maintenance), etc.

Intranet :

- manuel qualité ;
- organigramme de l'entreprise ;
- budget ;
- revues spécialisées ;
- plan des bâtiments, des réseaux, etc.

Aptitudes

Comprendre une demande.

Proposer des modifications dans les produits et les équipements utilisés.

Faire preuve de créativité et d'anticipation pour concevoir et formuler des propositions.

Prendre des avis éclairés, apprécier les arguments développés avant de décider.

Développer des liaisons techniques et fonctionnelles.

Réagir rapidement aux problèmes.

Anticiper les évolutions dans son domaine.

Autres titres pour cette fonction

Responsable réseau informatique
Administrateur réseaux et télécommunications
Ingénieur réseau
Ingénieur télécommunications
Administrateur réseaux et télécoms

Direction commerciale et marketing

Fiche 06-01

Il y a d'importantes différences entre les missions et compétences requises pour un directeur commercial et un directeur des ventes.

Dans les PMI, souvent le poste est mal défini et la partie ventes est mieux assurée que celle concernant la fonction commerciale et marketing.

Il convient de bien identifier les missions et attributions de chacun pour éviter qu'un chef des ventes ne se croit directeur commercial. Souvent des titres sont donnés alors que la fonction n'est pas assurée.

Le directeur commercial fait partie du comité de direction, et à ce titre participe aux décisions concernant l'entreprise.

Missions

Être responsable de l'ensemble des activités de vente, de marketing, de communication et de publicité.

Participer au choix des axes de développement et de la stratégie commerciale de la société concernant notamment les activités, les produits et les marchés.

Assurer la promotion de l'image de la société sur le marché, avec un souci de rentabilité optimale de l'outil de production et des possibilités de négoce et de sous-traitance.

Proposer des nouveaux produits ou l'adaptation d'anciens en fonction des besoins reconnus du marché.

Informer la direction générale des tendances et des besoins du marché.

Superviser l'administration des ventes.

Rechercher la motivation du personnel placé sous sa responsabilité.

Rendre compte à la direction générale.

Attributions

Commercial

1. Élaborer la politique commerciale :
   - la gamme résultant d'une segmentation client/marché/produit ;
   - les réseaux et méthodes de distribution ;
   - le choix des marchés ;
   - l'effort publicitaire et de promotion ;

- les tarifs de vente ;
- les taux de remise ;
- les conditions et délais de paiement clients ;
- le taux d'intérêt de retard demandé aux clients ;
- les conditions générales de vente (engagements clients, transport, acompte, assurance, procédure de réception, responsabilité et spécificités techniques demandées par le client…).

2. Faire appliquer la politique commerciale.
3. Concevoir la politique de communication globale de l'entreprise selon les axes définis et en collaboration avec la direction générale.
4. Établir les budgets annuels :
   - de ventes et de remises sur ventes ;
   - de frais commerciaux ;
   - des commissions des représentants ;
   - de frais de fonctionnement de ses services, en liaison avec la fonction financière et selon un calendrier qui lui est communiqué par la direction générale.
5. Analyser les écarts. Mettre en œuvre les actions correctives.
6. Valider le plan marketing de la société produit par la fonction marketing.
7. Élaborer le calendrier de participation aux manifestations commerciales et le soumettre à la direction générale. En assurer ou en déléguer l'organisation.
8. Valider le budget de publicité proposé par la fonction marketing.
9. Gérer les tarifs.
10. Demander l'accord de la direction générale pour la prise de commande des clients dont la solvabilité n'est pas reconnue.
11. Proposer les adaptations ou l'abandon de produits existants. Participer aux décisions qui traitent de ces sujets.
12. Entretenir des contacts avec les clients et les prospects importants, et intervenir dans la négociation des contrats majeurs.
13. Superviser le traitement des litiges clients.
14. Se tenir informé des réclamations provenant des clients.
15. Assister la fonction administrative et financière dans l'instruction des dossiers de contentieux.

Vente

1. Superviser l'application de la politique de vente sur le terrain, ce qui inclut :
   - les prévisions de ventes ;
   - la fixation des objectifs de la force de vente, son animation et sa coordination ;
   - la rédaction de toute note d'information jugée utile ;
   - le suivi des résultats ;
   - le suivi des frais commerciaux et l'optimisation des marges.
2. Organiser les campagnes promotionnelles.
3. Élaborer les offres correspondant à des campagnes promotionnelles spéciales et les transmettre à la force de vente.
4. S'assurer de la qualité des recrutements et des actions de formation de la force de vente (commerciaux, agents ou revendeurs).
5. Proposer le système de rémunération de la force de vente.
6. Superviser l'organisation de la prospection des clients potentiels et des prescripteurs.
7. Superviser l'organisation des visites chez les clients.
8. Gérer son portefeuille de clients directs. Établir et communiquer à la direction générale le calendrier trimestriel de ses principales visites.
9. Mettre au point un tableau de bord de suivi de l'activité de la force de vente et du service interne, l'analyser et le soumettre à la direction générale.
10. Organiser et superviser le traitement administratif des commandes.
11. Faire suivre l'exécution des commandes, dont :
    - le respect des délais ;
    - le traitement des reliquats ;
    - la facturation.
12. Se tenir informé de l'évolution de la législation commerciale.
13. Organiser et superviser le secrétariat commercial, dont :
    - le suivi des commerciaux (rapports de visite, frais de déplacement…) ;
    - le suivi des offres ;
    - les envois de documentation commerciale ;
    - le suivi des résultats commerciaux (tableau de bord) ;
    - le suivi des actions promotionnelles ;
    - le suivi des litiges clients ;
    - …

Financier

1. Suivre l'évolution du chiffre d'affaires et de la contribution marginale par pays, secteurs, représentants, produits, clients. Informer la direction générale des anomalies constatées. Proposer des solutions de nature à y remédier.
2. Consulter la direction générale pour tout dépassement des conditions de vente et non-respect des prix « planchers ».
3. Faire réaliser par la fonction financière les études de solvabilité des clients jugées nécessaires.

Production

1. Répondre aux demandes de la fonction technique pour la mise en fabrication de la quantité optimale.
2. Dans le cadre de la définition des exigences de qualité relatives au produit :
   - participer à la détermination des besoins pour le produit ou le service ;
   - définir avec précision la demande et le secteur du marché ;
   - déterminer avec précision les exigences du client en élaborant en collaboration avec le responsable qualité une revue de contrat ou une revue de besoin du marché ;
   - s'assurer de la communication claire et précise de toutes les exigences du client à l'intérieur de l'entreprise.

Industriel

1. Veiller, en liaison avec la fonction technique, au respect du cahier des charges des produits traités en négoce (qualité, délais, coûts) ou en soustraitance.
2. Participer à la conception des nouveaux produits. Être responsable du lancement des nouveaux produits sur le plan commercial.
3. Proposer des axes de développement dans le cadre du plan stratégique.
4. Définir, en liaison avec la direction générale, les articles à traiter en négoce.

Qualité – Sécurité – Environnement

1. Solliciter le responsable qualité pour l'établissement de procédures de retour d'information (force de vente, consommateurs…) et de suivi de cette information. S'assurer que toute information relative à la qualité est analysée, comparée, interprétée et communiquée conformément à ces procédures.

Délégation

1. Assurer par délégation de la direction générale, ou après l'en avoir informée, une mission de représentation de la société.

2. Assurer les délégations de pouvoir selon les dispositions générales de la société.
3. Veiller à l'application des politiques de la société. Proposer à la direction générale les modifications qu'elle juge nécessaires.

Aptitudes

Pratiquer l'anglais courant.

Pratiquer une seconde langue étrangère.

Anticiper les besoins.

Être concret.

Animer son équipe.

Savoir apprécier rapidement des potentialités de marchés.

Savoir prendre des avis avant de décider.

Entretenir un équilibre entre les fonctions de réflexion et d'animation.

Être rigoureux dans l'analyse de la situation financière.

Être résistant au stress et physiquement.

Outils

Informatique :

- suite bureautique ;
- messagerie.

Intranet :

- plan marketing ;
- plan de communication ;
- plan de vente ;
- budgets prévisionnels d'exploitation annuels et déclinés par périodes (à définir) :
  - ventes ;
  - remises et ristournes ;
  - frais de fonctionnement ;
  - ventilation par types de produits et par secteurs.
- budget de publicité ;
- tableaux de bord mensuels ;
- résultats/prévisions/écarts :
  - par commande ;

– par facturation ;
– par produit ;
– par secteur.

- synthèses et analyses périodiques (périodicité à définir) :
  – des tendances et des besoins du marché ;
  – des informations sur la clientèle ;
  – des informations détenues sur la concurrence.
- calendrier des participations aux manifestations commerciales ;
- suivi du rendement de chaque action publicitaire ;
- suivi des opérations consommateurs ;
- situation des litiges à traiter ;
- synthèse des rapports de contact avec les clients réputés importants ;
- analyse de synthèse concernant :
  – l'activité des commerciaux ;
  – la clientèle et son évolution ;
  – le positionnement des produits en rapport avec la concurrence.
- risques clients :
  – en-cours ;
  – reports d'échéances ;
  – risques dépassant les assurances-crédits ;
  – commandes bloquées pour crédit insuffisant.
- positionnement des produits sur leur courbe de vie ;
- tarifs ;
- fichier prospects ;
- fichier clients :
  – conditions particulières consenties aux clients ;
  – dérogations validées par la direction générale.
- procédures concernant l'administration des ventes ;
- manuel qualité ;
- manuel environnemental.

Autres titres pour cette fonction

Responsable commercial	Directeur des ventes
Responsable des ventes et du commercial	Directeur commercial

Management marketing

Fiche 06-02

De plus en plus d'entreprises, même les PMI-PME, se dotent d'un responsable marketing qui a une bonne connaissance des spécificités du marketing industriel.

Si la communication propre au produit (publicité, etc.) revient *a priori* à la fonction marketing, il peut y avoir des recouvrements dans d'autres secteurs avec la fonction communication (si elle existe). La frontière entre les deux fonctions devra être cernée par le TRR et validée par la direction.

De la même façon, la direction devra veiller à l'équilibre entre cette fonction et celle de recherche et développement.

Missions

Favoriser l'adaptation de l'offre à la demande.

Faire connaître et évoluer l'offre.

Apporter son support à la force de vente.

Rendre compte à la direction commerciale et marketing.

Attributions

Commercial

1. Définir et adapter le système d'information marketing, lequel se compose :
   - d'une banque de données :
     – données internes opérationnelles (enregistrement de l'activité commerciale de l'entreprise) et informations collectées et transmises par la force de vente sur l'évolution qualitative de la demande, la situation concurrentielle des produits de l'entreprise et la stratégie de la concurrence ;
     – données externes (études de marché, panels).
   - d'un ensemble d'objectifs et de règles de gestion ;
   - d'un système de traitement des données.
2. Assurer la création et le suivi d'un fichier produits, retraçant l'historique des produits et les documents importants associés (ex : documents d'impression du packaging, publicité...). L'objectif de ce fichier est notamment de faciliter la recherche d'informations lors de la modification d'un produit.
3. Conduire l'analyse de la concurrence.

4. Conduire l'étude des circuits de distribution.
5. Gérer les dossiers concurrence.
6. Gérer les dossiers de presse.
7. Superviser ou réaliser les études marketing qui incluent :
   - l'analyse des marchés ;
   - la définition des cibles ;
   - le positionnement des produits ;
   - l'analyse des ventes par ligne de produits et par type de marché.
8. Élaborer le plan marketing (objectifs, marque, programmes d'action, budget, lancement…).
9. Participer à l'élaboration de la politique de communication globale afin que celle-ci bénéficie de la notoriété prévue :
   - communication grand public ;
   - communication professionnelle ;
   - communication interne : personnel et force de vente ;
   - relations publiques.
10. Participer à la définition des budgets de publicité et de promotion. Après validation, en assurer le suivi.
11. Effectuer la prospection nécessaire auprès des agences afin de préparer le plan de communication.
12. Superviser la réalisation des plans de publicité et des campagnes promotionnelles.
13. Recenser les manifestations commerciales et proposer certaines participations :
   - présence de la société à une manifestation ;
   - visite d'un salon ou inscription à un séminaire, une conférence ;
   - demande de comptes rendus.
14. Assister la direction dans le suivi de la stratégie commerciale et du *marketing mix* de la société en veillant à la cohérence :
   - des produits (y compris le conditionnement et l'emballage) ;
   - de la publicité : choix et utilisation des médias, proposition des budgets ;
   - des prix ;
   - de la promotion des ventes (y compris le merchandising) ;
   - de la distribution : canaux, méthodes de distribution.
15. Assister la direction dans l'identification des besoins des clients.
16. Assister la force de vente dans la stratégie de vente et dans l'élaboration de l'argumentaire de vente du produit.

17. Être à l'écoute des opérationnels de terrain.
18. Suivre les réalisations de l'activité commerciale.
19. Synthétiser, selon une périodicité à établir, l'information intéressant directement la force de vente et la diffuser.

Développement

1. Vérifier la cohérence des développements possibles en fonction des attentes et des besoins de la clientèle finale.
2. Assurer l'étude des nouveaux produits :
   - internes ;
   - concurrents.
3. Contribuer à formaliser la check-list des questions à se poser lors de toute création ou modification de produits.
4. Collaborer à la recherche de nouveaux créneaux en suggérant les axes de développement de l'entreprise en cohérence avec la fonction recherche et développement.
5. Préparer les tests de nouveaux produits, de nouvelles méthodes de commercialisation et de promotion.
6. Anticiper la sortie de nouveaux produits afin d'améliorer le délai de réaction de l'entreprise. Proposer la mise en gamme de nouveaux produits ou l'abandon de produits existants.
7. Assurer la convergence des acteurs impliqués dans la réalisation du plan marketing.

Outils

Informatique :

- suite bureautique ;
- messagerie ;
- outils de pilotage de projet.

Favoris Internet :

- sites des fournisseurs (maintenance) ;
- données économiques et comportementales d'évolution des marchés ;
- etc.

Intranet :

- manuel qualité ;
- plan marketing ;

- plan de communication ;
- budget publicité ;
- information et analyse de la concurrence :
  - produits ;
  - marché ;
  - force de vente ;
  - situation financière.
- positionnement des produits sur leur courbe de vie ;
- échéancier des travaux :
  - études de marché ;
  - analyses ;
  - etc.
- dossier de presse ;
- documentation et études sur la législation spécifique des ventes avec remises, primes…
- résultats et mesures des actions de l'entreprise ;
- fichier produit ;
- check-list des questions pour la création/modification de produits.

Aptitudes

Pratiquer l'anglais courant.

Anticiper les besoins.

Développer des liaisons techniques et fonctionnelles.

S'adapter aux nouvelles technologies.

Se tenir informé des évolutions dans son domaine.

Être concret.

Savoir apprécier rapidement des potentialités de marchés.

Savoir prendre des avis avant de décider.

Autres titres pour cette fonction

Responsable du service marketing
Responsable produits
Chef de produits
Responsable des études commerciales

Son secteur (en termes de gammes de produit, du lieu géographique...) est à définir.

Missions

Prospecter, rechercher de nouveaux clients.

Négocier avec le client dans le cadre de la politique commerciale.

Représenter la société, notamment dans le cadre d'actions publicitaires ou promotionnelles.

Enregistrer les commandes, organiser le suivi des clients pour s'assurer de leur bon approvisionnement et répondre à leurs demandes.

Promouvoir les ventes.

Participer au bon traitement des problèmes d'après-vente.

Mettre tous les moyens en œuvre pour atteindre les objectifs de la politique commerciale (prix, tarifs, remises, conditions de livraison, délais de paiement).

Être responsable d'une clientèle à entretenir et développer. Rechercher de nouveaux clients.

Rendre compte à la direction commerciale et marketing ou au responsable des ventes.

Attributions

Commercial

1. Visiter les entreprises dans un objectif de prospection, de vente (et de contrôle du respect des engagements de son entreprise et du client).
2. Rechercher des informations concernant le marché (concurrence, conjonctures économiques…). Les communiquer à la fonction marketing.
3. Avant la visite :
   - consulter la fiche signalétique du client et l'historique des contacts ;
   - préparer la négociation commerciale, se donner des objectifs ;
   - préparer les arguments à développer (adapter son argumentation en fonction de l'importance du marché et du type de clientèle).
4. Pendant la visite :
   - présenter l'entreprise, ses produits et/ou ses services ;

- déceler le problème réel du client et proposer une solution ;
- mettre à jour sa connaissance du client (évolution, modification des informations de base) ;
- négocier les contrats de vente. Consulter la direction commerciale et marketing pour toute condition spéciale accordée au client.

5. Après la visite :
   - exploiter les informations recueillies ;
   - remplir le rapport de visite ;
   - préparer les éléments pour les offres et suivre l'exécution des devis ;
   - s'assurer de la bonne exécution des commandes ;
   - faire appel à un technico-commercial si nécessaire ;
   - prendre les commandes dans les conditions prévues (solvabilité client, acompte, conditions de règlement, délais…).
6. Acquérir les connaissances de base sur les produits commercialisés. Se tenir informé des évolutions des produits.
7. Participer aux échanges avec les autres fonctions pour enrichir sa connaissance des produits.
8. Établir les fiches signalétiques des clients et les transmettre au service commercial. Signaler toute modification pour la mise à jour du fichier clients.
9. Transmettre tous les éléments concernant les offres faites et les commandes prises au service commercial.
10. Établir les documents demandés par le responsable (rapports de visites).
11. Prendre connaissance et exploiter les informations transmises par le siège :
    - l'avancement des commandes ;
    - les statistiques commerciales mensuelles ;
    - l'état des impayés ;
    - le programme des promotions.
12. Participer aux réunions commerciales.
13. Participer à l'élaboration des prévisions de vente de son secteur.
14. Préparer le planning de ses visites. Prendre ses rendez-vous avec les clients et les prospects.
15. Faire le point une fois par semaine avec son responsable. Présenter ses résultats, rendre compte de ses visites.
16. Communiquer son programme prévisionnel de visites.
17. Se mettre en rapport au moins une fois par jour avec le siège.

18. Gérer son activité pour permettre au siège de recevoir régulièrement, et dans des délais très brefs, les documents prévus.

Qualité – Sécurité – Environnement

Appliquer les procédures de remontée d'informations établies en collaboration avec le responsable qualité.

Financier

Présenter ses notes de frais à intervalles réguliers.

Développement

Percevoir auprès du client les besoins futurs ou non satisfaits.

Outils

Informatique :

- suite bureautique ;
- messagerie ;
- portable ;
- pad.

Favoris Internet :

- site extranet ;
- etc.

Extranet :

- manuel qualité ;
- planning de ses actions ;
- programme prévisionnel de visites ;
- rapports de synthèse ;
- dossiers clients/prospects avec un historique des contacts ;
- objectifs de vente ;
- statistiques de vente et de marges sur vente ;
- catalogues, échantillons, brochures… (sous forme papier aussi) ;
- tarifs et conditions de vente (sous forme papier aussi) ;
- informations concernant le marché (concurrence, conjoncture économique…) ;
- planning de ses actions ;
- rapports de visite ;

- statistiques de vente et de marges sur vente ;
- etc.

Aptitudes

Argumenter et convaincre.

S'exprimer de façon claire et concise.

Présenter une image positive de l'entreprise.

Capacité à rendre compte.

Être à l'écoute des attentes d'autrui.

Créer une relation de partenariat.

Réagir rapidement aux problèmes.

S'adapter à un rythme et à des méthodes de travail spécifiques.

Autres titres pour cette fonction

Vendeur
Responsable secteur
Responsable clientèle
VRP
Responsable marché
Visiteur commercial
Inspecteur commercial
Agent commercial
Promoteur des ventes

Commercial export

Fiche 06-04

Cette fonction regroupe tout ou partie des fonctions de marketing, commercial et administration des ventes. C'est la direction commerciale et marketing qui affinera la répartition des activités.

Cette fiche est donc un *addendum* aux fiches de ces fonctions.

Missions

Marketing (fiche 06-02).

Commercial (fiche 06-03).

Administration des ventes (fiche 06-07).

Développer les ventes et la présence de la société sur les marchés étrangers.

Rendre compte à la direction commerciale et/ou marketing ou au responsable des ventes.

Attributions

Commercial

1. Participer à l'élaboration de la politique commerciale export :
   - politique de prix ;
   - conditions de vente ;
   - réseaux et méthodes de distribution ;
   - choix des pays et des marchés.
2. Appliquer la politique commerciale export après validation par la direction commerciale et marketing.
3. Initier et entretenir les contacts d'affaires dans un ou plusieurs pays étrangers, ce qui inclut la participation :
   - à la sélection des distributeurs locaux ;
   - au développement et à l'animation des réseaux d'agents distributeurs existants.
4. Suivre l'évolution du chiffre d'affaires et de la contribution marginale par pays, représentants, produits, clients. Informer sa direction de toutes les anomalies constatées. Proposer toutes solutions de nature à y remédier.

Financier

Réaliser, ou faire réaliser, toutes les études nécessaires sur les marchés étrangers, afin de prendre en compte :

- les différences de comportement du client et de fonctionnement du marché (conditions de paiement, pratiques des relations clients fournisseurs, garanties reconnues comme valables dans le pays…) ;
- le risque économique, financier, commercial, écologique et politique.

Développement

1. Proposer une sélection de nouveaux marchés en fonction :
   - du potentiel commercial et de la rentabilité ;
   - de l'accessibilité du marché ;
   - du risque.
2. Proposer des modes de présence sur les marchés étrangers.

Juridique fiscal

1. Entrer en contact avec des organismes menant des actions d'aide à l'exportation et diffusant des informations sur des marchés étrangers (CFCE, CEE, CCI françaises et étrangères, COFACE, transporteurs et transitaires pour les aspects logistiques, banques, agences de communication).
2. Être responsable de la proposition et du respect des accords avec des importateurs.
3. Superviser l'application des procédures de douane, de transports internationaux, d'assurances, de financement des exportations et de gestion de trésorerie internationale.
4. Se tenir informé de l'évolution de la législation internationale.

Outils

Informatique :

- suite bureautique ;
- messagerie ;
- portable ;
- pad.

Favoris Internet :

- site extranet ;
- etc.

Extranet :

- manuel qualité ;
- analyse des conditions spécifiques des marchés étrangers ;
- calendrier des manifestations internationales ;
- documentation ou recensement des sources concernant la législation commerciale étrangère.

Aptitudes

Argumenter et convaincre.

S'exprimer de façon claire et concise.

Présenter une image positive de l'entreprise.

Capacité à rendre compte.

Être à l'écoute des attentes d'autrui.

Créer une relation de partenariat.

Réagir rapidement aux problèmes.

S'adapter à un rythme et à des méthodes de travail spécifiques.

Avoir des compétences linguistiques et une ouverture aux cultures et aux comportements étrangers.

Autres titres pour cette fonction

Responsable export
Responsable marchés étrangers
Responsable de l'international
Cadre export

Technico-commercial

Suivant les produits et l'organisation de l'entreprise, le poste se positionne entre celui de commercial disposant de compétences techniques et celui d'assistant technico-commercial auprès de la force de vente.

Il convient donc pour rédiger la fiche de poste de se fonder sur cette fiche ainsi que sur celle de « Commercial » (fiche 06-03), voire celle de « Commercial export » (fiche 06-04).

Missions

Apporter une réponse technique aux besoins des prospects, des clients et de la force de vente.

Être moteur dans la recherche de l'adéquation technique entre les produits de la gamme et le marché.

Rendre compte à la direction commerciale et marketing, et travailler en étroite collaboration avec le bureau d'études.

Attributions

Commercial

1. Visiter les entreprises dans un objectif d'information, de recensement de besoins, de prospection et de vente :
   - soit en fonction d'un planning de prospection ;
   - soit sur information d'un commercial l'accompagnant ou non.
2. Apprécier auprès du client les besoins futurs ou non satisfaits. Rechercher des informations concernant le marché (concurrence, conjonctures économiques…). Les communiquer à la fonction marketing.
3. Apporter des solutions techniques aux problèmes posés par les clients avec l'aide des services internes.
4. Superviser l'installation et la mise en œuvre du produit chez le client, ainsi que l'entretien et les réparations.
5. Assurer ou superviser la formation du personnel du client sur les dispositions à prendre pour l'utilisation optimale du matériel.
6. Rédiger, le cas échéant, les brochures techniques et les notices d'utilisation.
7. Transmettre vers la force de vente toutes les informations techniques nécessaires.

Développement

Travailler avec le bureau d'études, le département Recherche et Développement de son entreprise et, le cas échéant, ceux du client.

Ressources humaines

Participer à la formation de nouveaux commerciaux ou technico-commerciaux.

Qualité – Sécurité – Environnement

Établir les rapports de synthèse à la demande.

Outils

Informatique :

- suite bureautique ;
- messagerie.

Intra/Extranet :

- descriptions techniques des produits ;
- manuels d'utilisation ;
- toute documentation technique nécessaire à sa fonction ;
- etc.

Aptitudes

Se tenir informé des évolutions dans son domaine.

S'adapter aux nouvelles technologies.

Autres titres pour cette fonction

Technicien d'affaires
Ingénieur d'affaires
Technicien d'études
Technicien d'avant vente
Vendeur terrain
Inspecteur technico-commercial

Fiche 06-06 Secrétariat commercial

Le poste peut également inclure des missions d'assistanat (voir la fiche 03-01 « Assistanat au responsable de service »).

Missions

Assurer le secrétariat commercial.

Gérer le suivi des commerciaux.

Rendre compte à la direction commerciale et marketing.

Attributions

Commercial

1. Gérer les relations téléphoniques avec les clients. Orienter toute demande de la part des prospects ou des clients vers les personnes compétentes.
2. Répondre aux demandes de documentation. Gérer l'envoi des échantillons.
3. Gérer la production des devis. Rédiger les devis standards sur demande des clients ou des commerciaux, en appliquant les éléments des tarifs et les conditions définies par la direction générale.
4. Faire préparer par les services concernés tous les éléments nécessaires aux devis non standards pour pouvoir répondre rapidement aux clients.
5. Assurer le suivi des devis (relances clients).
6. Assurer la constitution, la mise à jour, le classement, la sauvegarde, l'archivage des dossiers des fichiers prospects et clients, et plus généralement de tous les documents commerciaux.
7. Gérer le suivi des commerciaux :
   - saisie des fiches clients et prospects ;
   - saisie des rapports de visite ;
   - édition de l'agenda des commerciaux, de leur programme de visites et des fiches contacts ;
   - édition des programmes de relances clients.
8. Assurer la gestion du tableau de bord de l'activité des commerciaux.
9. Assurer le suivi des objectifs des commerciaux.
10. Assurer la gestion de tous les fichiers prospects définis par la direction commerciale et marketing.

11. Participer à l'organisation des réunions commerciales sur demande de la direction commerciale et marketing, et en assurer le secrétariat (compte rendu, gestion des actions envisagées).
12. Assurer le suivi des frais de déplacement des commerciaux et contrôler les factures établies par les agences de voyages, ou autres services auxquels ont fait appel les commerciaux.
13. Assurer la circulation de l'information à caractère commercial : instructions de vente, objectifs fixés, transmission des tarifs, mise en avant des produits nouveaux...
14. Être responsable du stock d'imprimés et de documents commerciaux.
15. Être responsable de l'exécution des opérations de marketing direct (mailing, ventes animées...). En assurer la mesure des performances et tenir à jour les tableaux de bord de rendement.
16. Être responsable du suivi du rendement des campagnes de publicité.
17. Collaborer avec la fonction commerciale pour l'organisation des participations aux manifestations commerciales.

Financier

Assurer la mise à jour annuelle des tarifs, sur instruction de la direction commerciale et marketing.

Qualité – Sécurité – Environnement

1. Assurer la gestion du tableau de bord commercial.
2. Éditer des statistiques commerciales, de manière systématique ou sur demande selon la procédure.

Outils

Informatique :

- suite bureautique ;
- messagerie.

Intranet :

- manuel qualité ;
- planning de ses actions ;
- suivi des appels téléphoniques ;
- fichiers :
  - prospects ;
  - clients ;

  - hôtels ;
  - moyens de transport.
- emploi du temps des commerciaux (plannings de visites) ;
- rapports de visite des commerciaux ;
- programme de relances des clients et des prospects ;
- suivi des envois de plaquette et de documentation ;
- catalogues, tarifs, conditions de vente ;
- suivi des devis ;
- statistiques commerciales ;
- tableau de bord de l'activité des commerciaux (réalisations/objectifs de vente) ;
- informations à caractère commercial ;
- suivi des frais de déplacement des commerciaux ;
- suivi du rendement des campagnes de promotion et de publicité ;
- tableau de bord des opérations de marketing direct, de merchandising ;
- suivi des emballages et étiquettes sous la responsabilité du commercial ;
- etc.

Aptitudes

Rester discret.

Maîtriser parfaitement les outils bureautiques.

Connaître les particularités techniques des domaines juridique, fiscal, commercial…

Savoir hiérarchiser l'urgence des demandes.

Savoir prendre des initiatives.

Autres titres pour cette fonction

Assistante commerciale	Attachée de direction commerciale
Secrétaire de direction commerciale	Secrétaire des forces de vente

Administration des ventes

Fiche 06-07

La fonction administration des ventes constitue un des maillons essentiels de la chaîne logistique. C'est pourquoi dans certaines entreprises, le terme logistique est associé à celui d'administration des ventes.

Missions

Être responsable du traitement administratif des commandes, depuis leur réception jusqu'à la livraison chez les clients.

Rôle de coordination entre le service commercial, la production et l'expédition.

Placée sous la responsabilité de la direction commerciale et marketing ou de la logistique.

Attributions

Ventes

1. Centraliser les informations (courriers, téléphones, fax, mails...) des clients et de la force de vente concernant les prises de commandes et leur suivi.
2. Organiser et superviser la gestion administrative des commandes depuis leur réception jusqu'à la livraison chez les clients :
   - effectuer l'enregistrement des commandes et contrôler les informations y figurant ;
   - faire repréciser au client les informations absentes, incomplètes, non compréhensibles. Accepter ou refuser des conditions particulières en s'appuyant sur une procédure ;
   - s'assurer de la fiabilité des délais proposés auprès du service planning ;
   - établir et expédier les confirmations de commande ;
   - assurer la revue de contrat spécifiée par la procédure qualité ;
   - établir les bulletins de livraison ;
   - gérer la facturation (émission, contrôle, envoi au client...) ;
   - gérer les demandes d'avoir ;
   - établir les différents documents nécessaires en cas d'exportation ;
   - veiller au respect des différentes formalités de douane ;
   - assurer le classement des documents concernant la gestion des commandes ;
   - suivre et contrôler les échanges EDI.

3. Effectuer le suivi des commandes et travailler en étroite collaboration avec les fonctions planning – ordonnancement – lancement. Se tenir informé de tout retard pris pour une commande ou de tout non-respect des conditions fixées (quantité, qualité, délai…). En informer les clients et les commerciaux.
4. Gérer les reliquats de commande :
   - prendre contact avec le client si cela s'avère nécessaire ;
   - informer la direction commerciale et marketing des difficultés rencontrées ;
   - veiller à ce que ces reliquats soient soldés le plus rapidement possible.
5. Être responsable de la création et de la maintenance du fichier clients :
   - attribuer des codes aux nouveaux clients ;
   - mettre à jour des adresses de commande, de facturation, de livraison, de règlement…
   - mettre à jour des taux de remise et leur mode d'appréciation, des conditions de livraison, des conditions de règlement, de ristourne…
   - mettre à jour les noms des contacts ;
   - gérer les historiques des articles commandés par le client ;
   - recenser les particularités demandées par le client ;
   - mettre en œuvre la procédure validée par les services comptables pour les accords de crédits.
6. Être responsable de la création et de la maintenance des fichiers articles commerciaux.
7. Être responsable de la création et de la maintenance des fichiers tarifs, conditions de remises, ristournes, rabais. Veiller à disposer des informations à jour.
8. Suivre les entrées de commandes afin de définir une tendance. Analyser le carnet de commandes régulièrement et établir les statistiques relatives à cette évolution :
   - évolution du CA par client ;
   - détail des ventes mensuelles ;
   - comparatif CA mensuel par famille de produit par rapport au budget et CA de l'année précédente ;
   - comparatif trimestriel ou semestriel des ventes par familles et par clients, etc.
   - statistiques et suivi de la force de vente.
9. Synthétiser les prévisions et commandes fermes en fin de période.

Contrôle de gestion – Planification

Élaborer des statistiques sur marge :

- analyse régulière des marges par familles, secteurs…
- analyse régulière de la marge brute réelle compte tenu des conditions de port et de paiement, etc.

Expédition

1. Être responsable de l'organisation et du suivi des livraisons.
2. Décider des moyens de transport. Pour des coûts de transport anormalement élevés, consulter la direction commerciale et marketing.
3. Gérer le planning des livraisons.
4. Gérer les relations avec les transporteurs :
   - négociation des conditions de transport (tarifs annuels, tarifs sur opérations ponctuelles) ;
   - contrôle des factures de transport ;
   - litiges transport.
5. Établir les bordereaux de transport ou bons de remise au transporteur.
6. Gérer les rendez-vous clients pour les livraisons.
7. S'assurer du bon acheminement des marchandises.
8. Suivre la qualité du transport et les quantités ou valeurs confiées à chaque transporteur.

Financier

1. Effectuer un contrôle, à chaque nouvelle commande, du niveau de l'encours autorisé.
2. Faire vérifier par la direction administrative et financière la solvabilité des clients et les conditions de règlement qui peuvent être consenties.

Outils

Informatique :

- suite bureautique.
- messagerie.

Favoris Internet :

- sites des transporteurs ;
- douanes ;
- etc.

Intranet :

- manuel qualité ;
- portefeuille des commandes (en quantité et en valeur) fichiers articles, fichiers tarifs, remises et conditions particulières et supports ayant permis de les créer ;
- fichiers des stocks, en-cours de fabrication, en-cours de livraison fournisseurs ;
- fichiers clients :
  - offres et devis ;
  - commandes ;
  - confirmations de commandes ;
  - en-cours ;
  - limites de crédit ;
  - conditions de livraison, de paiement, de remise, de promotion, de bonification de fin d'année.
- bons d'expédition, de livraison ;
- factures ;
- bons de transport (bon de remise) ;
- fichier des transporteurs et des conditions ;
- planning de livraisons ;
- réclamations et litiges clients ;
- réclamations et litiges transporteurs ;
- planning des exploitations informatiques de gestion commerciale ;
- statistiques commerciales ;
- etc.

Aptitudes

Analyser des informations.

Percevoir et synthétiser des problèmes.

Anticiper et apprécier la charge de travail pour la planifier.

Organiser et répartir le travail d'une équipe de collaborateurs.

Échanger des informations avec les collaborateurs.

Développer des liaisons techniques et fonctionnelles.

S'adapter à des partenaires variés.

Savoir prendre des engagements.

Respecter rigoureusement les processus méthodologiques.

Autres titres pour cette fonction

Assistante commerciale
Gestionnaire des ventes
Gestionnaire administratif des ventes
Secrétaire commerciale
Responsable des commandes
Responsable de la gestion des ventes
Gestionnaire de clientèle
Commercial sédentaire

Fiche 06-08

Management service après-vente

Nous avons rattaché le service après-vente à la fonction industrielle, suivant la nature des produits et du service, il est possible de le faire dépendre de la fonction commerciale.

Missions

Être responsable de la qualité du service après-vente rendu au client.

Participer à la promotion et à l'image de marque de la société sur le marché.

Participer à l'amélioration des produits.

Rendre compte à la fonction industrielle.

Attributions

Qualité – Sécurité – Environnement

1. Gérer les contrats de maintenance clients.
2. Assurer les réparations et les échanges sous garantie.
3. Organiser les réparations.
4. Organiser les interventions, les dépannages et l'entretien préventif dans le cadre des contrats de maintenance.
5. Définir les procédures du service après-vente et veiller à leur application.
6. Analyser les causes d'insatisfaction de la clientèle (commerciales, techniques, administratives, financières) et en informer les fonctions concernées.
7. Soumettre les problèmes techniques aux responsables concernés.
8. Contribuer à rechercher la cause du produit non conforme et les actions correctives nécessaires pour en éviter le renouvellement.
9. Mettre au point le tableau de bord du service après-vente et en assurer le suivi.

Financier

1. Produire les devis de réparations.
2. S'assurer du suivi de la rentabilité de son service, au besoin en activant les procédures de devis et de facturation.

Outils

Informatique :

- suite bureautique.
- messagerie.

Favoris Internet : sites des fournisseurs (maintenance), etc.

Intranet :

- manuel qualité ;
- procédures de garantie et de SAV ;
- contrats de maintenance ;
- planning des interventions de maintenance et de l'atelier de réparation ;
- suivi de l'activité du service (tableau de bord) :
  - objectifs et résultats ;
  - nature et temps d'intervention ;
  - rapport d'activité.
- suivi des réclamations :
  - analyse des causes ;
  - analyse des actions.
- tableau de bord du contrôle qualité :
  - coût de la non-qualité ;
  - analyse du degré de satisfaction de la clientèle (fiabilité des produits, retards de livraison…)
  - statistiques des interventions du SAV pour des problèmes de qualité.

Aptitudes

Présenter une image positive de l'entreprise.

Entraîner son équipe à adhérer au projet d'entreprise.

Comprendre une demande.

Proposer des modifications dans les produits et les équipements utilisés.

Être à l'écoute des attentes d'autrui.

Développer des liaisons techniques et fonctionnelles.

Réagir rapidement aux problèmes.

Savoir prendre des engagements.

Respecter ses engagements.

Autres titres pour cette fonction

Responsable du service après-vente
Technico-commercial service après-vente
Responsable de l'inspection

Management des litiges clients

Ce poste peut être intégré dans un service de plusieurs personnes (service du contentieux).

Missions

Régler les litiges de nature commerciale (prix ou caractéristiques du produit, ou conditions différentes entre celles comprises par le client et expliquées par l'entreprise, ou application des clauses des contrats concernant les différents niveaux de remise ou ristourne).

Régler les litiges de nature technique (le produit ne respecte pas le cahier des charges).

Attributions

Commercial

1. Valider et enregistrer les réclamations des clients.
2. Réaliser un diagnostic des réclamations et repérer celles nécessitant un traitement spécifique.
3. Rediriger éventuellement la réclamation vers le SAV.
4. Chercher à obtenir un accord amiable avec les clients.
5. Proposer à sa hiérarchie une indemnisation des préjudices.
6. S'assurer périodiquement que les litiges en cours suivent les procédures, tenir les clients informés.
7. Prévenir sa hiérarchie en cas d'augmentation anormale du nombre de litiges.

Développement

1. Transmettre les litiges techniques au bureau d'études.
2. S'assurer que le bureau d'études prend en compte les problèmes signalés.

Juridique – Fiscal

Préparer d'éventuels recours juridiques en collaboration avec la fonction juridique.

Qualité – Sécurité – Environnement

Proposer et tenir à jour les tableaux de bord de sa fonction.

Outils

Informatique :

- suite bureautique ;
- messagerie ;
- base de données.

Intranet :

- manuel qualité ;
- tableaux de bord ;
- liste des réclamations avec leur état ;
- dossiers contentieux ;
- etc.

Aptitudes

Présenter une image positive de l'entreprise.

Faire preuve de créativité et d'anticipation pour concevoir et formuler des propositions.

Créer une relation de partenariat.

Développer des liaisons techniques et fonctionnelles.

Réagir rapidement aux problèmes.

S'adapter à des partenaires variés.

Autres titres pour cette fonction

Gestionnaire des litiges clients.

Centre d'appels

Ce poste demande une bonne résistance aux échecs liés à ce mode de démarchage et peut, suivant la dimension et l'objet de l'entreprise, être tenu en parallèle d'un autre poste.

Après expérience, le titulaire pourra encadrer une équipe de télévendeurs.

Missions

Assurer l'interface téléphonique avec la clientèle.

Rendre compte à son chef d'équipe.

Attributions

Commercial

1. Répondre aux demandes de renseignements des clients :
   - produits ou services disponibles ;
   - tarifs ;
   - délais de livraison ;
   - certains aspects techniques.
2. Diriger le client vers la personne compétente en cas d'impossibilité d'apporter une réponse fiable ou d'une difficulté quelconque.
3. Prendre les commandes des clients.
4. Transmettre les commandes sauf si le logiciel intègre cette fonction.
5. Appeler des clients pour :
   - les relancer ;
   - leur proposer un produit, une visite ;
   - réaliser des enquêtes de satisfaction.
6. Tenir à jour sa liste d'appels.
7. Respecter les conditions d'appel : rythme et protocole.

Outils

Informatique :

- logiciel de gestion de centre d'appels.

Favoris Internet :
- messagerie (délais et frais d'expédition).

Intranet :
- protocoles d'appel ;
- données techniques ;
- tarifs et conditions de vente ;
- autres données nécessaires pour répondre ;
- répertoire téléphonique ;
- liste d'appels (si pas intégrée au logiciel).

Aptitudes

Argumenter et convaincre.

Appliquer les techniques de communication.

S'exprimer de façon claire et concise.

Présenter une image positive de l'entreprise.

Capacité à rendre compte.

Autres titres pour cette fonction

Téléacteur
Téléprospecteur
Télévendeur

Management de projet

Un projet ne se limite pas aux phases comprises entre la finalisation du cahier des charges et sa recette. Il est nécessaire d'apporter beaucoup d'attention aux phases avant projet (préparation) et après projet (exploitation).

Missions

Assumer la responsabilité d'un projet et être garant du respect des engagements pris en termes de qualité de prestation, de délai et de coût.

Assurer les activités de préparation du projet.

Assurer le management de l'équipe de projet

Informer et assurer la coordination avec le maître d'ouvrage.

Établir, à l'issue du projet, un bilan mettant en évidence les éléments remarquables (forces et faiblesses) du déroulement du projet.

Attributions

Développement

1. S'engager en termes de résultat, en ayant au besoin négocié les objectifs et les moyens.
2. Identifier les moyens nécessaires (techniques, humains et financiers) pour atteindre l'objectif fixé.
3. Participer au choix des outils (développement, pilotage de projet, etc.).
4. Construire l'équipe de projet.
5. S'assurer que les moyens affectés sont adéquats pour atteindre les objectifs définis.
6. Composer le projet en lot, phase et activité, de manière à pouvoir en faire la planification.
7. Définir dans le plan d'assurance qualité du projet les dispositions d'assurance qualité adaptées au projet.
8. Affecter les activités au personnel qualifié doté de moyens adéquats.
9. Veiller à la bonne coordination entre les différents groupes de travail pour définir clairement les modalités d'interfaces techniques et organisationnelles entre eux.

10. Ordonnancer et planifier les activités en prenant en compte l'ensemble des contraintes.
11. Intégrer les revues dans la planification.
12. Assurer le suivi des activités des collaborateurs du projet.
13. S'assurer que les activités de revue, de vérification et de validation sont menées conformément aux dispositions d'assurance qualité définies.
14. Assurer le suivi budgétaire du projet.
15. Gérer les incidents tant au niveau technique, humain que financier.
16. Superviser la génération de la documentation.
17. S'assurer qu'une organisation adaptée fonctionne pour gérer de manière satisfaisante toutes modifications apportées au projet en cours de déroulement.
18. Établir le bilan du projet sur les aspects techniques, humains et financiers.
19. S'assurer de la capitalisation de l'expertise acquise au niveau du projet, notamment lorsque de nouvelles méthodologies et/ou outils ont été expérimentés.
20. Déclencher les actions correctives pour éliminer les problèmes rencontrés dans le cadre du projet, en cherchant à éliminer leurs causes, de sorte qu'elles ne se reproduisent dans d'autres projets.
21. Assurer le reporting au niveau de sa direction, en particulier en cas de retard.
22. Se tenir informé des avancées technologiques de son domaine (Internet, revues, colloques, etc.).

Commercial

Tenir informé le maître d'ouvrage de l'avancement du projet.

Qualité – Sécurité – Environnement

Veiller à ce que le plan qualité du projet soit respecté.

Outils

Informatique :

- suite bureautique ;
- messagerie ;
- programme de management de projet.

Favoris Internet :

- sites des clients ;
- sites des fournisseurs d'outils ;
- sites spécialisés (informatique, bâtiment, etc.)

Intranet :

- manuel qualité ;
- plan qualité :
  - liste des documents à produire ;
  - revues, vérification et validation ;
  - plan de gestion de configuration ;
  - plan de vérification et validation ;
  - matrices de traçabilité (en cas de besoin) ;
  - etc.
- planning Pert ou Gantt du projet ;
- suivi d'avancement du projet ;
- compte rendu des activités de revue, vérification et validation ;
- éléments d'entrée du projet (contrat, cahier des charges, normes, exigences réglementaires...) ;
- documents techniques de réalisation (spécifications fonctionnelles...) ;
- éléments de sortie du projet (documents d'utilisation, d'exploitation, de maintenance...) ;
- planning du personnel ;
- etc.

Aptitudes

Entraîner son équipe à adhérer au projet d'entreprise.

Anticiper et apprécier la charge de travail pour la planifier.

Faire preuve de créativité et d'anticipation pour concevoir et formuler des propositions.

Organiser et répartir le travail d'une équipe de collaborateurs.

Échanger des informations avec les collaborateurs.

Savoir déléguer.

Entretenir un équilibre entre les fonctions de réflexion et d'animation.

Accepter les imprévus et rechercher les solutions.

Être autonome et prendre des initiatives.

Savoir prendre des engagements.

Respecter rigoureusement les processus méthodologiques.

Respecter ses engagements.

Autres titres pour cette fonction

Chef de projet,
Directeur de projet

Pilote de projet

Management/ Recherche et développement

Suivant la taille et l'objet de l'entreprise la fonction peut être attribuée au bureau d'études.

Missions

Avoir le souci permanent d'améliorer les produits ou processus existants en ce qui concerne :

- le choix des matériaux ;
- les technologies ;
- les coûts (de recherche et développement, d'industrialisation, etc.) ;
- l'énergie à utiliser.

Mener la recherche et le développement de nouveaux produits ou processus.

Assurer la veille technologique (interne et externe).

Valider les essais et leur résultat.

Rendre compte à la direction générale.

Attributions

Développement

1. Assurer la veille technologique et s'entourer des avis ou compétences requises.
2. Coordonner la recherche appliquée à la conception de nouveaux produits et procédés.
3. Assurer les relations avec les organismes extérieurs de recherche fondamentale ou appliquée.
4. Établir les programmes de recherche à court, moyen et long termes. Les faire valider par la direction.
5. Travailler en collaboration avec la fonction commerciale et marketing afin de connaître les besoins des clients.
6. Travailler en collaboration avec la fonction industrielle afin de s'assurer de la faisabilité de l'industrialisation.
7. Veiller à l'application et au respect des normes en vigueur lors de la mise au point des nouveaux produits ou processus.

8. S'informer en permanence sur les nouveaux matériaux et produits mis sur le marché.
9. Réaliser les études visant l'emploi de nouveaux matériaux et de nouvelles technologies.
10. Mener des recherches visant la réalisation d'économies d'énergie ou de matière, et le respect de l'environnement (sites, déchets, fumées).
11. Superviser les essais en laboratoire, la réalisation de prototypes ou d'installations pilotes.
12. Déposer au nom de l'entreprise les brevets d'invention.
13. Suivre les évolutions des produits concurrents et les analyser.
14. Être responsable des appareils et outils utilisés en recherche et de leur entretien.
15. Évaluer le retour sur investissement.
16. Coordonner les recherches pour l'amélioration des procédés et des produits existants.
17. Définir les procédés et les produits nouveaux à partir des informations commerciales et technologiques.
18. Analyser les causes de déficience des produits et proposer des mesures correctives.
19. Participer aux études d'implantations nouvelles.
20. Réussir les pilotes et prototypes.
21- Rédiger les cahiers des charges à destination des fournisseurs ou du bureau d'études.
22. Contribuer à formaliser la check-list des questions à se poser lors de toute création ou modification de produits.

Qualité

Intégrer les concepts qualité dans tout son travail et veiller à leur mise en œuvre.

Financier

S'informer de toutes les dispositions d'aide et participer à toutes les manifestations qui peuvent intéresser son activité.

Outils

Informatique :

- suite bureautique ;

- messagerie ;
- outils de modélisation.

Favoris Internet :

- sites des institutionnels (Ademe, Anvar, etc.) ;
- sites des fournisseurs ;
- etc.

Intranet :

- manuel qualité ;
- plan de recherche et calendrier des travaux ;
- documentation technique sur :
  - les nouvelles technologies ;
  - les nouveaux matériaux ;
  - les nouveaux procédés ;
  - etc.
- études sur les produits concurrents et les technologies de la concurrence ;
- synthèse et analyse des travaux réalisés ;
- fichier des brevets d'invention du secteur ;
- normes à respecter ;
- fichier des adresses des organismes compétents dans le domaine des technologies de l'entreprise ;
- budget du service ;
- liste de manifestations nationales et internationales auxquelles il serait possible de participer ;
- normes de qualité des produits ;
- document de veille technologique ;
  - check-list des questions pour la création/modification de produits.

Aptitudes

Pratiquer l'anglais courant.

Anticiper les besoins.

Développer des liaisons techniques et fonctionnelles.

S'adapter aux nouvelles technologies.

Se tenir informé des évolutions dans son domaine.

Proposer des modifications dans les produits et les équipements utilisés.

Faire preuve de créativité et d'anticipation pour concevoir et formuler des propositions.

Être concret.

Autres titres pour cette fonction

Ingénieur recherche
Ingénieur d'études
Chargé de projets de développement

Bureau d'études

Fiche 07-03

Dans de nombreuses PMI, le bureau d'études assure également la fonction recherche et développement.

Ces missions concernent les produits, les technologies, les matériaux, les processus, l'énergie et les systèmes de production.

Missions

Concevoir en liaison avec les fonctions commerciales, marketing, recherche et développement, les nouveaux produits et/ou de nouveaux procédés.

Traduire en collaboration avec la fonction industrielle et/ou technique, et éventuellement avec des organismes extérieurs, ces conceptions en produits réalisables.

Étudier et résoudre les problèmes de recherche de nouveaux produits, d'applications nouvelles ou de perfectionnement des produits de la société.

Superviser éventuellement une équipe d'ingénieurs et de techniciens d'études qui réalisent ou étudient les plans ou spécifications des produits, ou des équipements fabriqués par l'entreprise.

Rendre compte à la fonction industrielle et/ou technique.

Attributions

Développement

1. Travailler en relation avec la fonction commerciale et marketing pour tenir compte des impératifs du marché, et avec la fonction technique et le bureau des méthodes pour proposer des produits économiquement rentables et les mieux adaptés aux possibilités techniques de l'entreprise et aux exigences spécifiées.
2. Réaliser ou faire réaliser :
   - les plans ;
   - les spécifications techniques ;
   - les nomenclatures de composants et la codification.
3. Fournir au bureau des méthodes les éléments qui permettent de réaliser la mise en fabrication des produits nouveaux.
4. Fournir les éléments nécessaires à la fabrication des moules et outillages :
   - les plans ;

- les spécifications techniques ;
- les éléments sur la durée d'utilisation prévue du moule ou de l'outillage (nombre de produits prévus en fabrication).

5. Réaliser les maquettes, prototypes.
6. Définir les spécifications techniques des produits achetés et la qualification de la matière première, et établir éventuellement un cahier des charges. Veiller à la cohérence de ces spécifications ou critères de qualification avec les besoins réels et la capacité de l'entreprise à les mesurer et valider.
7. Établir le cahier des charges des produits sous-traités et définir les moyens de production et/ou de contrôle nécessaires.
8. Assister la fonction recherche et développement pour des travaux précis (études, analyses, essais, etc.).
9. Contribuer à définir les normes de fabrication des produits.
10. Rechercher des solutions adaptées en fonction des produits disponibles et dans les limites de coûts définis.
11. Définir les méthodes et moyens de conception.
12. Élaborer et mettre à jour la base de données techniques de l'entreprise (plans, nomenclatures…).
13. Être informé des coûts de revient des produits fabriqués d'après les comptes rendus de fabrication et participer à l'évaluation des coûts des nouveaux produits.
14. Réaliser les études concernant l'organisation optimale des flux de production.
15. Assister la fonction commerciale pour le calcul des devis spéciaux.
16. Veiller au respect des délais d'études, tenir un planning des différentes études à réaliser.
17. Identifier, documenter les exigences concernant le produit et relatives aux données d'entrée de la conception. Garantir qu'elles sont appropriées.
18. Documenter les données de sortie de la conception et les exprimer en termes d'exigences, de calculs et d'analyse.
19. Attribuer à des personnes compétentes les fonctions de vérification de la conception.

Qualité

Proposer les procédures propres à son activité, lesquelles doivent :

- identifier les responsabilités pour chaque activité de conception et de développement ;

- décrire ou référencer ces activités ;
- mettre à jour ces plans au fur et à mesure de l'évolution de la conception ;
- appliquer et faire appliquer ces procédures.

Outils

Informatique :

- suite bureautique ;
- messagerie ;
- outil de conception ;
- base de données.

Favoris Internet :

- sites des fournisseurs ;
- sites de la profession ;
- etc.

Intranet :

- manuel qualité, et particulièrement les procédures de conception :
  - normes de qualité des produits ;
  - contrats d'assurance de la qualité ;
  - comptes rendus des revues de contrats ;
  - comptes rendus des audits qualité internes ;
  - tableau de bord du contrôle qualité.
- programmes de travail à court, moyen et long termes ;
- plans, spécifications techniques, nomenclatures, codification (base de données techniques) ;
- plans, spécifications techniques, durée d'utilisation des moules et outillages ;
- spécifications techniques des produits achetés ;
- cahiers des charges des produits sous-traités ;
- études techniques concernant les nouveaux procédés, matériaux, technologies, produits…
- coûts de revient (à partir des comptes rendus de fabrication) et coûts prévisionnels des produits conçus ;
- devis spéciaux (planning d'élaboration) ;
- budget du service ;
- plan et suivi des actions et des groupes de travail concernant la qualité.

Aptitudes

Entraîner son équipe à adhérer au projet d'entreprise.

Organiser et répartir le travail d'une équipe de collaborateurs.

Prendre des avis éclairés, apprécier les arguments développés avant de décider.

Se tenir informé des évolutions dans son domaine.

S'adapter aux nouvelles technologies.

Respecter rigoureusement les processus méthodologiques.

Percevoir et synthétiser des problèmes.

Autres titres pour cette fonction

Dessinateur
Chef de groupe
Projeteur
Responsable du projet dans certains cas
Agent de laboratoire
Technicien d'essais

Communication

Fiche 07-04

Cette fonction recouvre les deux aspects de la communication : celle sur l'entreprise à destination des acteurs externes (journaux, sponsors, etc.) et celle à destination des collaborateurs.

Si la taille de l'entreprise ne permet pas d'avoir un poste dédié à la communication, cette fonction peut être répartie sur plusieurs postes :

- la partie externe peut être de la responsabilité de l'assistant(e) de direction ;
- la partie interne peut être répartie entre la direction générale et/ou les ressources humaines.

La communication propre au produit (publicité, etc.) revient à la fonction marketing. La frontière entre les deux fonctions devra être définie par le TRR et validée par la direction.

Missions

Promouvoir l'entreprise à l'extérieur tant sur le plan quantitatif (en développant la couverture médiatique) que qualitatif (en améliorant l'image de marque).

Participer à l'implication du personnel dans la bonne marche de l'entreprise.

Attributions

Commercial

1. Participer à l'élaboration de la politique commerciale.
2. Participer à l'élaboration de la politique de communication globale afin que celle-ci bénéficie de la notoriété prévue :
   - communication grand public ;
   - communication professionnelle ;
   - communication interne : personnel et force de vente ;
   - relations publiques.
3. Participer à la définition des budgets de publicité et de promotion.
4. Assurer la communication interne vers la force de vente.
5. Mettre à disposition de la force de vente les outils de promotion.

Juridique – Fiscal

Préparer en collaboration avec les fonctions juridique et marketing les dossiers pour répondre aux mises en cause du produit, et plus généralement aux attaques visant l'entreprise.

Développement

1. Assurer une mission de représentation de la société.
2. Assurer les relations avec les associations ou entités représentant la fonction.
3. Gérer les demandes externes diverses (ex : sponsoring).
4. Organiser des évènements (portes ouvertes, démonstrations, etc.) et en assurer la promotion.
5. Être à l'écoute de l'actualité pouvant être l'occasion de mettre en avant l'entreprise.
6. Préparer et mettre en forme les messages concernant les événements de l'entreprise, destinés aux médias régionaux ou nationaux. Les soumettre à l'accord de la direction générale.
7. Sélectionner et superviser l'approvisionnement en outils de promotion.

Climat social

1. Participer à l'élaboration de la politique de communication interne en allant au-delà de contraintes législatives :
   - des politiques et des objectifs de la société ;
   - du développement économique et social ;
   - de l'information de résultats ;
   - du positionnement.
2. Proposer et mettre en place tous les moyens permettant la diffusion interne des informations (journal d'entreprise, etc.).
3. Diffuser la « culture d'entreprise ». Proposer à la direction générale toutes les actions de communication destinées à la renforcer ou la développer. Veiller à la limitation du développement de microcultures de clan.
4. Organiser l'information montante et descendante de la société en liaison avec la direction générale.

Outils

Informatique :

- suite bureautique ;
- messagerie ;

- outils d'infographie.

Favoris Internet :

- agences de communication ;
- presse locale ;
- manufacturiers de gadgets ;
- imprimeurs ;
- etc.

Intranet :

- manuel qualité ;
- organigramme de l'entreprise ;
- plan de communication ;
- information et analyse de la concurrence :
  - produits ;
  - marché ;
  - force de vente ;
  - situation financière.
- dossier de presse ;
- résultats et mesures des actions de l'entreprise ;
- budget publicité.

Aptitudes

Faire preuve de créativité et d'anticipation pour concevoir et formuler des propositions.

Appliquer les techniques de communication.

Médiatiser des informations.

S'exprimer de façon claire et concise.

S'adapter à des partenaires variés.

Présenter une image positive de l'entreprise.

Autres titres pour cette fonction

Porte-parole — Chargé de communication

Fiche 08-01

Management qualité

Cette fonction peut se cumuler avec d'autres, en particulier celles de responsable sécurité et responsable environnement.

Missions

Être le garant de la politique qualité de l'entreprise. Garantir que cette politique est comprise, mise en œuvre et entretenue à tous les niveaux de l'organisation.

Assurer l'application du système qualité et conduire les audits qualité internes.

Chercher à concilier les impératifs de la qualité et de la maîtrise des coûts de revient.

Contribuer à inculquer un esprit qualité auprès de l'ensemble du personnel de l'entreprise. Susciter toutes études de nature à atteindre l'objectif « QUALITÉ TOTALE ».

Rendre compte à la direction générale ou au cadre de direction en charge de la qualité.

Attributions

Qualité – Sécurité – Environnement

1. Définir et formaliser la politique qualité, les objectifs et l'engagement en matière de qualité.
2. Proposer cette politique à la direction.
3. Définir en liaison avec la direction générale les responsabilités, l'autorité et les relations de toutes les personnes qui dirigent, effectuent et vérifient les tâches qui ont une incidence sur la qualité.
4. Identifier les besoins internes en matière de vérification. Prévoir les moyens nécessaires et désigner les personnes formées pour les activités de vérification.
5. Organiser et conduire les revues de direction qualité.
6. Rendre compte du fonctionnement du système qualité à la direction.
7. Établir et entretenir le système qualité.
8. S'assurer du suivi des actions correctives.
9. Gérer et exploiter les enregistrements relatifs à la qualité.

10. Piloter les audits qualité internes.
11. Maîtriser les coûts relatifs à la qualité.
12. Gérer les relations avec les clients pour les questions relevant de son domaine.
13. Gérer les relations avec les organismes certificateurs.

Outils

Informatique :

- suite bureautique ;
- messagerie.

Intranet :

- manuel d'assurance qualité et procédures associées conformes au référentiel retenu. Par exemple (selon ISO 9001) :
  - procédures relatives au système qualité ;
  - procédures de revue de contrat ;
  - procédures de maîtrise de la conception ;
  - procédures de maîtrise des documents et des données ;
  - procédures relatives aux achats ;
  - procédures de maîtrise du produit fourni par l'acheteur ;
  - procédures relatives à l'identification et à la traçabilité des produits ;
  - procédures relatives à la maîtrise de processus ;
  - procédures de contrôles et essais ;
  - procédures de maîtrise des équipements de contrôle, de mesure et d'essai ;
  - procédures relatives à l'état de contrôle et des essais de maîtrise du produit non conforme ;
  - procédures de maîtrise des actions correctives ;
  - procédures de manutention, de stockage, de conditionnement et de livraison ;
  - procédures de maîtrise des enregistrements relatifs à la qualité ;
  - procédures d'audits qualité internes ;
  - procédures d'identification des besoins en formation et de suivi de ces formations ;
  - procédures relatives aux prestations associées ;
  - procédures relatives aux techniques statistiques.

- normes de qualité des produits ;
- comptes rendus de revues de direction ;
- enregistrements qualité ;
- tableaux de suivi budgétaire des actions relatives à la qualité ;
- comptes rendus des audits qualité internes ;
- tableau de bord du contrôle qualité :
  - coût de la non-qualité ;
  - analyse du degré de satisfaction de la clientèle (fiabilité des produits, retards de livraison…) ;
  - statistiques des interventions du SAV pour des problèmes de qualité ;
  - tableaux de suivi budgétaires des actions relatives à la qualité ;
- plan et suivi des actions et des groupes de travail concernant la qualité ;
- etc.

Aptitudes

Analyser et synthétiser des informations techniques.

Savoir prendre des avis avant de décider.

Savoir négocier.

Savoir travailler en équipe.

Maîtriser au moins une langue étrangère.

Autres titres pour cette fonction

Directeur de la qualité	Ingénieur qualité

Contrôle qualité

Fiche 08-02

Ce poste peut nécessiter des qualifications délivrées par des organismes accrédités ou officiels comme l'Apave ou le Commissariat à l'énergie atomique.

Missions

Assurer les tâches de contrôle définies par le système qualité.

Produire les documents et informations permettant d'initier les actions correctives.

Rendre compte au responsable qualité.

Attributions

1. Effectuer les contrôles techniques de qualité des réceptions, des encours et/ou des produits finis, ce qui inclut principalement et selon le type de production :
   - des contrôles visuels ;
   - des prélèvements d'échantillons ;
   - des contrôles dimensionnels (exemple : contrôles de cotes et d'ajustements) ;
   - des contrôles structurels (exemple : qualité des surfaces métalliques traitées, dosages) ;
   - des essais de fonctionnement ou de tests de produits.
2. Analyser les résultats et les comparer au cahier des charges.
3. Exploiter les statistiques.
4. Identifier les malfaçons, les signaler et proposer des améliorations.
5. Suivre les actions correctives.
6. Tenir un fichier de contrôle qualité, faire part des résultats et de ses conclusions.
7. S'assurer que les appareils de contrôle, de mesure et d'essai utilisés sont correctement contrôlés et étalonnés.
8. Proposer à son supérieur les moyens à mettre en œuvre pour effectuer les contrôles qualité à tous les stades de la fabrication :
   - instruments et appareils ;
   - procédures.

Outils

Informatique :

- suite bureautique ;
- messagerie ;
- outil de conception ;
- base de données.

Favoris Internet : sites des fournisseurs des moyens de mesures, etc.

Intranet :

- manuel qualité, et particulièrement les procédures de conception ;
- manuel qualité, procédures, fiches d'instruction, formulaires de contrôle ;
- normes de qualité des produits ;
- comptes rendus des audits qualité internes ;
- tableau de bord du contrôle qualité :
  - coût de la non-qualité ;
  - analyse du degré de satisfaction de la clientèle (fiabilité des produits, retards de livraison…) ;
  - statistiques des interventions du SAV pour des problèmes de qualité ;
  - tableaux de suivi budgétaire des actions relatives à la qualité ;
  - etc.
- plan et suivi des actions et des groupes de travail concernant la qualité, etc.

Aptitudes

Respecter rigoureusement les processus méthodologiques.

Développer des liaisons techniques et fonctionnelles.

Se tenir informé des évolutions dans son domaine.

Percevoir et synthétiser des problèmes.

Synthétiser et présenter clairement des informations

Autres titres pour cette fonction

Technicien/Agent de laboratoire
Aide biologiste, chimiste, etc.
Technicien de contrôle de fabrication

Management environnement

Cette fonction peut se cumuler avec d'autres en particulier celles de responsable qualité et responsable sécurité.

Si les fonctions sécurité et environnement sont séparées, l'interface doit être clairement définie car des sujets sont communs, en particulier si l'entreprise est classée « Seveso ».

Missions

Être garant de la politique environnementale de l'entreprise à travers l'application du Système de management environnemental (SME).

Être l'interlocuteur des organismes accréditeurs et des instances juridiques et environnementales en ce qui concerne les actions relatives à la certification de l'entreprise.

Être l'interlocuteur privilégié des instances internes et externes pour toute question relevant de la gestion environnementale.

Rendre compte à la direction générale.

Attributions

Qualité – Sécurité – Environnement

1. Assister la direction générale dans la définition et la rédaction de sa politique environnementale, ses objectifs et son engagement.
2. Définir en liaison avec la direction générale, les responsabilités, l'autorité et les relations de toutes les personnes qui dirigent, effectuent et vérifient les tâches qui ont une incidence sur l'environnement.
3. Rendre compte du fonctionnement du Système de management environnemental à la direction générale.
4. Rédiger ou superviser la rédaction des procédures du SME.
5. Animer la démarche environnementale au sein de l'entreprise.
6. S'assurer de la conformité du SME de l'entreprise, par rapport aux normes en place et aux exigences retenues.
7. Effectuer l'analyse environnementale (effets environnementaux propres aux activités de l'entreprise) et la mettre à jour régulièrement.
8. Hiérarchiser les aspects et impacts. Proposer un plan d'actions à la direction.

9. Identifier les personnes intéressées.
10. Faire procéder aux prélèvements et analyses rendus nécessaires par la réglementation, par une injonction ou suite à une étude.
11. Évaluer la conformité des installations.
12. Piloter le plan d'audits environnementaux.
13. Collaborer avec la fonction sécurité pour tout ce qui touche aux produits dangereux (conditionnement, stockage, utilisation, définition des équipements de protection individuelle, etc.).
14. Étudier et apporter des solutions à tous les problèmes liés à l'environnement.
15. Gérer l'arrêté préfectoral (déclaration, prise en compte, affichage et mise à jour).
16. Assurer une veille réglementaire.
17. Superviser le plan d'actions issues des activités en lien avec l'environnement.
18. Piloter les études de mises en conformité.
19. Tenir à jour et exploiter les enregistrements relatifs à la gestion environnementale.
20. Rencontrer les associations de consommateurs, de protection de l'environnement, etc. Analyser avec eux les problèmes soulevés et tenter de les résoudre dans le respect du SME.
21. Préparer tous types de communication (affichage, communiqués de presse, etc.) :
    - progrès réalisés par l'entreprise au niveau de la réglementation environnementale ;
    - mise en cause de l'entreprise par un tiers ;
    - etc.
    - Les faire valider par la direction avant diffusion.
22. Rédiger les réponses aux courriers ayant pour objet l'environnement. Les faire valider par la direction.
23. Entretenir des relations avec les organismes d'accréditation et les instances nationales et européennes, dans le cadre de la certification de type ISO 14000 ou EMAS.
24. Préparation des audits de certification (audit initial, audit de contrôle, etc.).
25. Communiquer aux organismes concernés les éléments utiles à ces audits.

26. Tenir informés l'organisme certificateur et/ou les instances externes de toute évolution majeure du Système de management environnemental.

Contrôle de gestion – Planification

1. Valoriser ce qui peut l'être : déchets, pertes matières, etc.
2. Identifier et mettre en œuvre des actions visant à réduire le coût relatif à la gestion environnementale.
3. Chercher et obtenir des aides (DRIRE, ADEME, agences de l'eau, etc.).

Développement

1. Collaborer avec les fonctions bureau d'études et recherche et développement afin d'intégrer les contraintes environnementales dès le début des projets.
2. Piloter les projets de technologie « propre ».

Outils

Informatique :

- suite bureautique ;
- messagerie.

Favoris Internet :

- code de l'environnement ;
- sites de veille réglementaire ;
- sites des fournisseurs ;
- sites des institutionnels (DRIRE, ADEME, agences de l'eau, etc.).

Intranet :

- politique environnementale ;
- organigramme de la société ;
- manuel environnement ;
- analyse environnementale ;
- plan d'actions ;
- plan d'audits internes et de certification ;
- arrêté préfectoral ;
- enregistrements relatifs à l'environnement ;
- comptes rendus des audits internes et externes ;
- document en relation avec le ministère de l'Environnement ;
- courriers et réponses ;

- produits dangereux :
  - fiches de données de sécurité ;
  - fiches individuelles d'exposition.
- installations classées pour l'environnement :
  - Plan d'opération interne (POI) ;
  - Plan particulier d'intervention (PPI) ;
- procédures à appliquer en cas de sinistre :
  - plan d'évacuation des locaux ;
  - affichage obligatoire ;
  - plan de lutte contre le feu.

Aptitudes

Argumenter et convaincre.

S'adapter à des interlocuteurs variés.

Analyser des informations.

Anticiper les risques et les dysfonctionnements.

Faire preuve d'autonomie et d'initiative.

Rédiger de façon simple des procédures de vérification et de rectification.

Se tenir informé des évolutions dans son domaine.

Interpréter les réglementations et en peser les effets pour l'entreprise.

Autres titres pour cette fonction

Ingénieur environnement

Responsable de gestion environnementale

Chef du service environnement

Chef de mission environnement

Management sécurité

Cette fonction peut se cumuler avec d'autres, en particulier celles de responsable qualité et responsable environnement.

Si les fonctions sécurité et environnement sont séparées, l'interface doit être clairement définie car des sujets sont communs, en particulier si l'entreprise est classée « Seveso ».

Certaines tâches peuvent être attribuées à d'autres fonctions suivant l'organisation de l'entreprise.

Exemple : les contrôles périodiques peuvent relever de la maintenance.

Lorsque le détenteur de ce poste n'a pas reçu de délégation de pouvoir, nous conseillons d'utiliser le terme « animateur » au lieu de « responsable ». Dans ce cas, les attributions ci-dessous doivent recevoir l'approbation de la direction générale avant de donner lieu à des actions.

Missions

Le responsable conseille et assiste la direction de l'entreprise pour la définition, la mise en œuvre et le suivi de la politique et des actions de prévention des risques dans les domaines de la sécurité et de la santé des personnels, ainsi qu'éventuellement la protection des biens.

Il est garant des programmes de prévention pour réduire la gravité, le nombre et le coût des incidents.

Il anime et coordonne les équipes de prévention.

Il est le correspondant des interlocuteurs externes en matière d'hygiène et de sécurité.

Il rend compte à la direction générale.

Attributions

Qualité – Sécurité – Environnement

1. Définir et formaliser la politique qualité, les objectifs et l'engagement en matière d'hygiène, de sécurité et de conditions de travail. Proposer cette politique à la direction.
2. En cas d'accident de travail :
   - rédiger le compte rendu ;
   - superviser l'enquête ;

- prendre les mesures nécessaires ;
- veiller à la diffusion des informations.

3. Faire participer les membres du personnel, en particulier le comité d'hygiène, de sécurité et des conditions de travail (CHSCT).
4. Participer au CHSCT, éventuellement en assurer le secrétariat.
5. Proposer aux membres du CHSCT des tâches à réaliser.
6. Superviser les contrôles périodiques obligatoires (chariots, appareils de levage, installations électriques, etc.) et faire tenir à jour le registre de sécurité.
7. Diriger l'évaluation des risques professionnels (EVRP) et la mise à jour du document unique.
8. Piloter la mise en place et le suivi du système de management de la sécurité (SMS).
9. Assurer la formation sécurité aux nouveaux embauchés ainsi qu'au personnel changeant de poste.
10. Remettre la brochure d'accueil aux nouveaux embauchés.
11. Si le site est classé « Seveso » :
    - réaliser le plan d'opération interne (POI) ;
    - prendre connaissance du plan particulier d'intervention (PPI).
    - faire appliquer ces plans en cas de besoin.
12. Réaliser le plan de prévention (PP) en cas d'intervention d'une entreprise extérieure. Procéder avec le responsable désigné de cette entreprise à la visite du chantier. Faire appliquer ce plan.
13. Tenir à jour le plan d'actions hygiène et sécurité du travail (HST), en assurer le suivi, en rendre compte devant le CHSCT.
14. Déterminer les besoins du personnel en formation. Enrichir le plan de formation. Procéder à l'évaluation des actions de formation suivies par son personnel.
15. Conseiller les responsables de services en ce qui concerne la prévention contre les risques professionnels, les aider à définir leurs besoins.
16. Faire mettre en œuvre les techniques de protection des personnes, d'hygiène au travail, d'ergonomie.
17. Analyser les postes de travail en relation avec le médecin de prévention pour améliorer les installations et les conditions de sécurité.
18. Proposer toute mesure susceptible d'améliorer l'hygiène et la sécurité du travail et la prévention des risques professionnels.

19. Organiser et procéder à des visites de sécurité et en effectuer les comptes rendus.
20. Gérer (sélectionner et approvisionner) le matériel de sécurité.
21. Coordonner et animer le réseau de correspondants en hygiène et sécurité.
22. Conseiller sur le stockage et l'utilisation des produits dangereux.
23. Collationner les fiches de données de sécurité (FDS), les exploiter (rédaction des consignes, choix des équipements de protection individuelle, actions, diffusion de l'information) et les transmettre au médecin du travail.
24. Superviser la réalisation des fiches individuelles d'exposition (FIE).
25. Mettre en place et gérer les documents obligatoires (voir la rubrique « Outils »).
26. Suivre la documentation réglementaire liée à la sécurité.
27. Veiller à l'application de la législation et de la réglementation, participer et aider à la mise en œuvre d'obligations réglementaires.
28. Faire réceptionner le matériel installé dans l'entreprise afin de s'assurer qu'il répond aux normes et ne présente pas de danger grave et imminent pour le personnel.
29. Collationner les données pour remplir le tableau de bord de la sécurité, remplir ce tableau et le diffuser.
30. Évaluer le risque incendie :
    - rédiger le plan d'évacuation des locaux ;
    - rédiger l'affichage obligatoire ;
    - rédiger le plan de lutte contre le feu ;
    - délivrer le permis feu aux entreprises externes.
    - diffuser ces informations (essentiellement par voie d'affichage).
31. Gérer les relations avec la CRAM (caisse régionale d'assurance-maladie), l'Inspection du travail et la médecine du travail :
    - en accompagnant les visites ;
    - en répondant aux courriers.

Aptitudes

Connaître la législation du travail.

Analyser et synthétiser des informations techniques et organisationnelles.

Échanger des informations avec les collaborateurs.

Être pédagogue et efficace dans son travail de formation et recommandation.

Organisation

Avoir et développer une autorité non contestée pour traiter les problèmes ayant trait à la sécurité.

Garder son calme et son sang-froid.

Prendre des décisions rapides.

Négocier avec des interlocuteurs variés et prendre en compte leur avis.

Outils

1. Registres obligatoires :
   - document unique d'évaluation des risques (R230-1) ;
   - registre de sécurité des vérifications périodiques (L620-6) ;
   - registre des mises en demeure de l'Inspection du travail ;
   - registre du CHSCT (R236-9) ;
   - registre des délégués du personnel (L424-5) ;
   - registre des accidents du travail (Code SS L441-4) ;
   - registre des chantiers temporaires (R620-4) ;
   - plans de prévention (R237).
2. Produits dangereux :
   - fiches de données de sécurité ;
   - fiches individuelles d'exposition ;
3. Plans de secours :
   - installations classées pour l'environnement :
     – plan d'opération interne ;
     – plan particulier d'intervention ;
   - procédures à appliquer en cas de sinistre :
     – plan d'évacuation des locaux ;
     – affichage obligatoire ;
     – plan de lutte contre le feu ;
4. Documents de travail :
   - Code du travail ;
   - plan de formations ;
   - normes d'hygiène et de sécurité ;
   - plan d'implantation des locaux ;
   - modèles d'autorisations ;
   - plan d'actions.

5. Planning :
   - travaux neufs ;
   - interventions extérieures.
6. Procédures d'hygiène et de sécurité.
7. Brochure d'accueil pour les nouveaux embauchés.
8. Indicateurs :
   - analyse technique (nombre, coût, etc.) ;
   - nombre d'actions ouvertes ;
   - etc.

Autres titres pour cette fonction

Responsable hygiène-sécurité
Ingénieur sécurité
Ingénieur hygiène-sécurité
Animateur hygiène-sécurité
Animateur sécurité

Logistique

Il s'agit d'un poste relationnel qui demande des contacts variés au sein de l'entreprise : achats, commerciaux, production, etc.

Dans de plus en plus d'industries la fonction logistique est également impliquée dans l'organisation de la production. En particulier, il lui appartient de définir les besoins et leurs échéances et de collaborer aux travaux d'ordonnancement.

De même, la fonction comprend de plus en plus souvent le pilotage des flux de marchandises et d'informations *via* des systèmes de type EDI (Échanges de données informatisées).

La direction veillera à la bonne répartition des missions avec les fonctions « Planning – Ordonnancement – Lancement » et « Achats – Approvisionnements » (optimisation des flux, GPAO, négociations avec les transporteurs, gestion des approvisionnements, etc.).

Organisation

Missions

Organiser le système d'information et de gestion des flux dans l'entreprise :

- prévision sur les niveaux de stocks produits finis et matières premières ;
- organisation du circuit commercial (traitement des commandes clients) ;
- organisation des expéditions (gestion des dépôts…) ;
- élaboration des demandes d'achats et contrôle des achats ;
- étude des moyens matériels (informatique, transstockeur, etc.) à mettre en place pour améliorer la performance de l'entreprise.

Rendre compte à la direction technique et/ou industrielle.

Attributions

Industriel

1. À partir des prévisions commerciales à long et moyen termes, et des contraintes de service à respecter (contraintes commerciales), étudier toute solution, ponctuelle ou nouvelle, d'organisation :
   - des unités de stockage (lieux, volumes, procédures de gestion, et de gestion prévisionnelle, procédures d'inventaire) ;
   - de la manutention (emballage, moyens de manutention, de stockage…) ;
   - des moyens de production ;

- des méthodes de production ;
- du système d'information.

2. Proposer à la direction générale, les différents scénarios en termes de :
   - gain de productivité ;
   - service clientèle ;
   - bilan économique.
3. Établir son budget annuel et en assurer le suivi.
4. Collaborer avec la fonction « Achat – approvisionnement » pour la définition des notions de stock de sécurité, stock minimal, point de commande, en considérant tous les paramètres utiles (délai d'approvisionnement, coût administratif de passation d'une commande fournisseur, coût de lancement de fabrication, coût de stockage et d'immobilisation financière, coût du risque d'obsolescence de l'article...) et en tenant compte des politiques de l'entreprise.
5. Optimiser sur la base des données commerciales à court et moyen termes :
   - les ressources de main-d'œuvre ;
   - les stocks de produits finis.
6. Organiser en sollicitant la fonction « Planning – Ordonnancement – Lancement » les expéditions et le transport des produits finis vers les clients, en veillant à optimiser les délais de livraison et le coût dans le respect de la satisfaction du client.
7. Superviser la politique de sous-traitance en matière de transport, de stockage et/ou de conditionnement en s'assurant des règles de fonctionnement (système qualité) et en mesurant la performance logistique.
8. Organiser le circuit des documents d'accompagnement des marchandises transportées (documents douaniers, de transit, d'import/export, bordereaux spécifiques aux clients...).
9. Participer au choix des modes de transport en liaison avec les services commerciaux et achats.
10. Négocier avec les transporteurs. S'assurer des meilleures conditions possible : délais, coûts de stockage et satisfaction du client.
11. Être associé au choix de l'outil GPAO et des organisations de la production.
12. Être associé aux analyses de la valeur réalisées par la société.
13. Être associé à la conception des produits nouveaux et à l'élaboration de leur coût prévisionnel.

Production

1. Participer au planning de production en garantissant la disponibilité des matières premières conformément aux besoins de production.
2. Contrôler les flux de marchandises en veillant au maintien de la rigueur nécessaire pour que chaque entrée ou sortie de stock soit mouvementée sur les médias concernés. Veiller au respect de ces procédures.
3. Gérer l'administration des personnels et la gestion des matériels achetés ou loués concernant son domaine d'activité (véhicules, moyens mobiles de manutention, conteneurs…).

Juridique – Fiscal

1. Assurer les relations avec les services des douanes et les assurances.
2. S'informer de l'évolution de la législation concernant les transports et le domaine de la logistique.

Qualité – Sécurité – Environnement

1. Réaliser des analyses statistiques, mettre en place des indicateurs pour la gestion et le suivi des flux.
2. Effectuer diverses analyses sur les stocks (obsolètes, dormants, calcul de taux de rotation).
3. Mesurer le taux de service et mener les plans d'actions nécessaires à la satisfaction des clients.
4. Collaborer avec le responsable qualité à l'établissement et à la tenue à jour des procédures concernant ses domaines d'activité.

Système d'information et d'organisation

Participer à la mise en forme des conditions d'utilisation de l'outil informatique (plage de travail, conditions d'accès).

Développement

1. Collaborer à l'élaboration des plans d'investissements de la société.
2. Gérer les projets logistiques internes et externes.

Outils

Informatique :

- suite bureautique ;
- messagerie ;
- outils :

  – GPAO ;
  – EDI ;
  – aide à la décision.

Favoris Extranet :

- sites des prestataires ;
- sites des clients ;
- sites des fournisseurs.

Favoris Internet :

- sites des institutionnels (douanes, etc.) ;
- sites métiers.

Intranet :

- manuel qualité ;
- organigramme de la société ;
- prévision de vente par famille d'articles détaillée sur trois mois et sur l'année ;
- historique et prévision de consommations ;
- statistiques fournisseurs ;
- planning de production ;
- carnets de commande clients/fournisseurs ;
- législation sur les transports ;
- tarifs et conditions des transporteurs ;
- comptes rendus des audits qualité internes ;
- tableau de bord du contrôle qualité :
  – coût de la non-qualité ;
  – analyse du degré de satisfaction de la clientèle (fiabilité des produits, retards de livraison…) ;
  – statistiques des interventions du SAV pour des problèmes de qualité ;
  – tableaux de suivi budgétaire des actions relatives à la qualité.
- tableau de bord de son activité ;
- documents d'accompagnement des marchandises transportées :
  – documents douaniers ;
  – de transit ;
  – d'import/export ;
  – bordereaux spécifiques aux clients ;
  – etc.

Aptitudes

Organiser et répartir le travail d'une équipe de collaborateurs.

S'adapter à des partenaires variés.

Argumenter et convaincre.

Créer une relation de partenariat.

Analyser des informations.

Autres titres pour cette fonction

Responsable administration des ventes
Responsable d'entrepôt
Responsable de flux
Responsable/Directeur logistique
Directeur de la *supply chain*
Ingénieur logistique
Logisticien

Planning – Ordonnancement – Lancement

Fiche 08-06

Cette fonction est souvent assurée par plusieurs personnes. Avec des moyens informatiques adéquats et une personne motivée, le regroupement de ces responsabilités est un atout supplémentaire de performance.

La direction veillera à la bonne répartition des missions avec les fonctions « achats – approvisionnements – lancement » et « logistique » (optimisation des flux, GPAO, négociations avec les transporteurs, gestion des approvisionnements, etc.).

Missions

Étudier et mettre au point la gestion de la production.

Établir et suivre les programmes de fabrication des ateliers, en cherchant à optimiser les contraintes de délais, de qualité, de niveau des stocks, de charge de main-d'œuvre et de machines, à partir :

- des commandes des clients et/ou du planning général de fabrication ;
- des niveaux de stocks de matières premières, d'en-cours de fabrication et de produits finis ;
- de la capacité de production en machines, outillage et main-d'œuvre.

Tenir à jour le planning. Organiser le lancement en fabrication et constituer les dossiers de fabrication.

Simuler et analyser la charge pour proposer la politique de sous-traitance.

Participer activement au projet GPAO et à la définition des besoins, pouvoir en être l'administrateur et le gestionnaire.

Rendre compte à la direction industrielle et/ou technique.

Attributions

Industriel

1. Participer activement à la mise en place des outils de GPAO :

participer à la définition des besoins de l'entreprise ;

participer au choix de la solution ;

construire les jeux d'essais et tests nécessaires pour ce choix ;

respecter le planning de mise en place.

2. Faire constamment évoluer ces outils de GPAO dans un souci d'efficacité.
3. Veiller à l'information des utilisateurs de la GPAO.
4. En tant que principal utilisateur de la GPAO, mettre en place les procédures de fiabilisation du système.
5. Analyser les simulations pour proposer les politiques :
   - d'achat (négociation de marché, de contrat fournisseur, plan d'achat) ;
   - de production (sous-traitance, investissement, embauche…) ;
   - de stockage (niveau de stocks de matières premières, en-cours, conditions de réapprovisionnement).

Développement

1. Collaborer à l'élaboration des plans d'investissements de la société.
2. Participer aux travaux d'études – recherche – développement.
3. Proposer, en cas d'écarts répétitifs, des solutions de nature à y remédier, y compris par le biais d'investissements.

Production

1. Effectuer des synthèses régulières du projet de GPAO visant à informer les directions concernées.
2. À partir des prévisions commerciales fournies par la fonction commerciale et des données techniques sur les produits, procéder au calcul :
   - des besoins prévisionnels (matières premières, produits achetés) ;
   - des charges prévisionnelles (par section, par poste…).
3. Établir en collaboration avec la fonction « Planning » le planning général de fabrication, ainsi que les plannings par ateliers ou unités de production. Être responsable de sa diffusion et de sa mise à jour.
4. Exploiter quotidiennement les bons de travaux. Comparer régulièrement le plan de production prévisionnel à la production réelle et proposer toute mesure corrective nécessaire.
5. Assister la direction industrielle et/ou technique dans la détermination des quantités à mettre en fabrication.
6. Gérer les priorités des commandes en étroite collaboration avec la fonction commerciale.
7. Déterminer, organiser, coordonner et programmer le plan de production.
8. Définir pour chaque fabrication le processus à suivre, les moyens en hommes et en matériel à mettre en œuvre et le temps nécessaire.
9. Organiser l'approvisionnement en matière pour la production.

10. Répartir le travail entre les unités et gérer tout sous-effectif ou sureffectif.
11. Organiser la production :
    - vérification des programmes de production (en relation avec la fonction commerciale) ;
    - détermination des achats spécifiques ;
    - suivi des stocks et de l'avancement des commandes ;
    - mise à jour du planning ;
    - collaboration en permanence avec la fonction commerciale et les chefs d'ateliers pour disposer de toute l'information utile à l'optimisation ;
    - recherche, par tous les moyens, à assurer le service demandé (quantité, délai, qualité).
12. Rassembler et émettre les différents éléments du dossier de fabrication (ordre de fabrication, plan, gamme opératoire, bon de sortie matière, fiche suiveuse, avis de finition…).
13. Déclencher les opérations de production en distribuant les dossiers de fabrication aux chefs d'ateliers ou directement en production.
14. Organiser les expéditions :
    - déclencher l'expédition, choisir les modes de transport ;
    - informer les chefs d'ateliers des changements intervenant dans les programmes de fabrication ;
    - analyser, en liaison avec la direction industrielle et/ou technique, les écarts de production par rapport au planning journalier et sur de plus longues périodes ;
    - déterminer les compléments de production à réaliser pour optimiser l'emploi de l'outil de production.

Commercial

1. Informer le service commercial de l'avancement des commandes.
2. Assister les fonctions commerciales et techniques dans l'élaboration des programmes de promotion des ventes. Les valider et en assurer le suivi au niveau de la production en relation avec la logistique.
3. Informer le service commercial de tout non-respect des conditions fixées (quantité, qualité, délai).

Qualité – Sécurité – Environnement

Collaborer avec le responsable qualité à l'établissement et à la tenue à jour des procédures liées à ses domaines d'activités.

Outils

Informatique :

- suite bureautique ;
- messagerie ;
- outil de GPAO.

Favoris extranet :

- sites des clients ;
- sites des fournisseurs.

Intranet :

- manuel qualité ;
- plan de production (planning mensuel, hebdomadaire, journalier) ;
- programmes de fabrication et d'ordonnancement ;
- tableau de bord (suivi de la production, retards) ;
- cahier des charges, documentation, procédures, paramétrages de la GPAO ;
- documents nécessaires à la production :
  - plans ;
  - gammes opératoires ;
  - nomenclatures ;
  - bons de travaux ;
  - états de lancement ;
  - fiches suiveuses ;
  - bons d'outillage ;
  - gabarits de découpe, de soudage, de montage…
  - programmes informatiques de CNC ;
  - avis de finition.
- liste des approvisionnements en retard ;
- liste des postes de charges à suivre ;
- situation d'état d'avancement des commandes ;
- comptes rendus des audits qualité internes ;
- tableau de bord du contrôle qualité :
  - coût de la non-qualité ;
  - analyse du degré de satisfaction de la clientèle (fiabilité des produits, retards de livraison…) ;
  - statistiques des interventions du SAV pour des problèmes de qualité ;

– tableaux de suivi budgétaire des actions relatives à la qualité ;
– etc.

• plan et suivi des actions et des groupes de travail concernant la qualité.

Aptitudes

S'adapter à des partenaires variés.

Créer une relation de partenariat.

Analyser des informations.

Organiser et répartir le travail d'une équipe de collaborateurs.

Argumenter et convaincre.

Autres titres pour cette fonction

Responsable planning – ordonnancement – lancement
Chef du service ordonnancement – lancement
Chef du service planification – lancement
Responsable méthode planning
Responsable du planning
Responsable de l'ordonnancement
Responsable des lancements
Responsable logistique interne

Achats – Approvisionnements

L'importance stratégique des achats conduit certaines directions générales à prendre directement en charge une partie de ces missions ; dans ce cas, le poste d'acheteur est plus un poste d'approvisionneur.

Il convient d'attirer l'attention sur l'importance de ce poste dans le cadre d'une politique qualité.

Le poste se justifie dans les entreprises où l'on constate que plus de cinq personnes sont habilitées à passer des commandes.

Il convient de clairement identifier les responsabilités qu'encourt l'entreprise en cas d'achats non conformes, en particulier dans le domaine de l'hygiène et de la sécurité. Une clause dans le contrat de travail de l'acheteur peut renforcer cette sensibilisation.

La direction veillera à la bonne répartition des missions avec les fonctions « planning – ordonnancement – lancement » et « logistique » (optimisation des flux, GPAO, négociations avec les transporteurs, gestion des approvisionnements, etc.).

Missions

Participer à la définition de la politique d'achat de l'entreprise et assurer sa mise en œuvre, ce qui inclut :

- la définition des éléments techniques de la commande (spécifications généralement élaborées en collaboration avec les services demandeurs) ;
- le choix des principaux fournisseurs ;
- la négociation des principaux contrats.

Gérer les flux de matières, composants et services nécessaires au fonctionnement continu de l'entreprise.

Optimiser le rapport qualité/coût des matières premières et des fournitures à approvisionner, compte tenu :

- des normes de qualité ;
- des procédés de fabrication mis en œuvre ;
- des quantités nécessaires.

Veiller à la fiabilité des sources d'approvisionnement de la société sur le plan des délais, de la qualité, des quantités et des prix.

Être responsable de la conformité du produit acheté aux exigences spécifiées.

Rechercher la motivation du personnel placé sous sa responsabilité.

Rendre compte à la direction générale et travailler en étroite liaison avec la fonction industrielle et/ou technique.

Attributions

Industriel

1. Définir, en collaboration avec la fonction industrielle et/ou technique et la fonction administrative et financière, les différentes méthodes de gestion des approvisionnements à mettre en œuvre selon les articles :
   - gestion au point de commande ;
   - gestion au besoin ;
   - etc.
2. Rassembler et analyser les statistiques pour optimiser le choix (statistiques de ventes, de consommation, analyse ABC des stocks…).
3. Collaborer avec la fonction « logistique » pour la définition des notions de stock de sécurité, stock minimal, point de commande, en considérant tous les paramètres utiles (délai d'approvisionnement, coût administratif de passation d'une commande fournisseur, coût de lancement de fabrication, coût de stockage et d'immobilisation financière, coût du risque d'obsolescence de l'article…) et en tenant compte des politiques de l'entreprise.
4. Centraliser, négocier en liaison avec les fonctions concernées de l'entreprise et assurer l'ensemble des approvisionnements de la société, en fonction :
   - des demandes d'achats ;
   - des seuils de réapprovisionnements ;
   - des normes budgétaires ;
5. Établir des propositions concernant les articles à déprécier.
6. Faire établir et appliquer les spécifications techniques des produits à acheter et les procédures de qualification de la matière première.
7. Mener les négociations avec les fournisseurs. Négocier les conditions de règlement, dans le cadre des procédures et de la politique de l'entreprise.

Production

1. Valider le calcul des besoins (bruts et nets) en composants.
2. Soumettre à la direction générale les achats :
   - hors budget ;
   - hors normes de réapprovisionnement.

3. Rechercher et sélectionner les fournisseurs capables de satisfaire les conditions de prix, de qualité et de délai d'approvisionnement, effectuer des appels d'offres et analyser les propositions.
4. Gérer la sous-traitance, en relation avec le responsable de fabrication concerné.

Développement

1. Être associé aux études de rationalisation ou de modification des processus de fabrication, aux analyses de la valeur réalisées par la société.
2. Être associé à la conception des produits nouveaux et à l'élaboration de leur coût prévisionnel.
3. Informer le service recherche et développement et le bureau d'études, les chefs d'ateliers et le bureau des méthodes de toutes les nouveautés proposées.
4. Mener l'analyse prospective des sources d'approvisionnement : évolution des structures industrielles dans les secteurs alimentant l'entreprise en produits, services et moyens de production, évolution des prix et des taux de change.
5. Superviser l'apposition des bons à payer sur toutes les factures fournisseurs.
6. Veiller à respecter les délais imposés par les services comptables pour valider les factures fournisseurs et transmettre les bons à payer.

Comptabilité

1. Organiser les inventaires annuels, périodiques ou permanents. Être responsable de l'application des procédures.
2. Organiser et superviser la gestion administrative des achats, de la passation de commande à la mise à disposition pour les services utilisateurs :
   - passer les commandes fournisseurs et contrôler la validité des informations y figurant ;
   - être responsable de la réception et du contrôle des livraisons ;
   - vérifier la conformité des factures fournisseurs ;
   - établir les différents documents et formulaires nécessaires en cas d'importations ;
   - veiller au respect des formalités et législations en vigueur dans ce domaine.
3. Effectuer les relances avec suffisamment d'anticipation et veiller au respect des délais de livraison. En cas de retard possible, en informer les services destinataires.

4. Être responsable de la création et de la maintenance du fichier fournisseurs en respectant les procédures validées avec la comptabilité.
5. Résoudre les litiges avec les fournisseurs concernant les quantités, la qualité et les délais.

Contrôle de gestion – Planification

1. Établir le plan des achats et approvisionnements. Celui-ci est dérivé des prévisions de vente et du plan de production. Utiliser les moyens informatiques nécessaires.
2. Être associé à la fixation des prix et au calcul des coûts de revient prévisionnels.
3. Centraliser les budgets d'achats de la société. En vérifier la cohérence. En assurer le suivi. Informer la direction générale et la fonction financière de tout dépassement prévisible.
4. Être associé à l'élaboration des plans d'investissements de la société. En particulier se préoccuper de vérifier la solvabilité des fournisseurs pressentis.

Qualité – Sécurité – Environnement

1. Collaborer avec le responsable qualité à l'établissement des procédures relatives à ses domaines d'activité.
2. Mettre au point son tableau de bord. En assurer le suivi. En rendre compte mensuellement à son responsable hiérarchique direct.

Juridique – Fiscal

Responsable de l'achat ou de la mise en œuvre par l'entreprise de tout produit non conforme à la législation en général, et, plus particulièrement, dans les domaines de l'hygiène, la sécurité, l'environnement, le Code du travail et le code de la route.

Outils

Informatique :

- suite bureautique ;
- messagerie.

Favoris Internet :

- sites des fournisseurs.

Intranet :

- manuel qualité :

- – procédure de mouvement de stocks ;
- – procédures d'acceptation et de réception des produits et matières premières ;
- – procédure d'inventaire (élaborée en collaboration avec la fonction administrative et financière) ;
- – procédure de calcul de valorisation et de dépréciation des stocks ;
- – procédure de déclassement des stocks ;
- – procédures de qualification de la matière première ;
- – procédures de la gestion administrative des achats ;
- plan d'achats et d'approvisionnement ;
- budget des achats ;
- données statistiques (statistiques de vente, de consommation, analyse ABC des stocks…) ;
- planning et plan directeur ;
- résultat du calcul des besoins ;
- liste des stocks, des quantités optimales à approvisionner, des seuils de réapprovisionnement, des stocks de sécurité, des prix par fournisseurs ;
- spécifications techniques des produits à acheter, normes à satisfaire ;
- nomenclatures des produits ;
- fichier fournisseurs ;
- suivi des certifications éventuelles des fournisseurs (assurance qualité) ;
- demandes d'achat ;
- planning des livraisons ;
- factures fournisseurs ;
- support de validation des paiements aux fournisseurs ;
- inventaire permanent quantitatif et valorisé ;
- fiches de missions des personnes sous sa responsabilité ;
- tableau de bord de l'activité du service ;
- normes de qualité des produits ;
- comptes rendus de revues de direction ;
- contrats d'assurance de la qualité ;
- comptes rendus des revues de contrats ;
- comptes rendus des audits qualité fournisseurs ;
- tableau de bord du contrôle qualité pour la partie concernant le service ;
- plan et suivi des actions et des groupes de travail concernant la qualité.

Aptitudes

S'adapter à des partenaires variés.

Créer une relation de partenariat.

Argumenter et convaincre.

Analyser des informations.

Interpréter les réglementations et en peser les effets pour l'entreprise.

Anticiper les évolutions dans son domaine.

Autres titres pour cette fonction

Acheteur
Chef du service achats
Chef du service pièces détachées
Directeur des approvisionnements
Chef des approvisionnements
Directeur des achats

Maintenance – Entretien – Travaux neufs

Les fonctions peuvent être séparées même dans des petites structures.

Missions

Organiser et superviser l'entretien courant, les réparations préventives et la maintenance prédictive des moyens de production, des infrastructures et des bâtiments.

Optimiser la productivité et la qualité tout en améliorant les conditions de travail et la sécurité.

Participer aux projets d'investissements en équipements productifs nouveaux, en infrastructures et en bâtiments.

Gérer le budget de son service.

Rendre compte à la fonction industrielle et/ou technique.

Attributions

Industriel

1. Identifier et mettre en œuvre les moyens permettant d'évaluer l'état des équipements.
2. Mettre en place un système de suivi permettant de repérer et de traiter les grandes tendances des causes de pannes et/ou d'arrêts non programmés.
3. Analyser les défaillances afin de proposer des améliorations.
4. Veiller à la qualité technique des interventions dans les ateliers.
5. Optimiser la facilité d'intervention sur les équipements.
6. Gérer le stock des pièces détachées et composants nécessaires aux interventions. Suivre les réparations extérieures et les échanges standards.
7. Établir le cahier des charges pour les intervenants extérieurs. Analyser les devis.
8. Organiser le travail de tout intervenant extérieur.
9. Être responsable de la certification des réparations et des contrôles préalables aux remises en route.
10. Former les opérateurs pour qu'ils maîtrisent les interventions de premier niveau.

11. Proposer le remplacement des matériels dont les temps d'arrêt, consécutifs à des pannes sont trop importants. Faire les études d'évaluation nécessaires.
12. Gérer le déclassement des matériels.
13. Proposer à la direction industrielle et/ou technique toutes modifications des sources d'énergie qui lui semblent de nature à améliorer le bilan énergétique global de la société.

Production

1. Réaliser l'inventaire du matériel de production.
2. Élaborer les programmes d'entretien préventif des matériels de production et de contrôle de la société en minimisant :
   - les temps d'arrêt machines ;
   - les coûts d'intervention.
3. Superviser l'exécution des programmes d'entretien préventif des matériels de production et de contrôle.
4. S'assurer de la prise en compte des mesures relatives à la maintenance prédictive pour lancer les actions de maintenance.
5. Assurer l'entretien courant du matériel de production et de contrôle de la société en minimisant :
   - les temps d'arrêt machines ;
   - les coûts d'intervention.

Développement

1. Être associé à l'étude préliminaire de l'ensemble des travaux neufs réalisés dans l'entreprise, en particulier :
   - en intégrant les problématiques des différents services spécialisés ;
   - en mesurant l'impact de la réalisation au plan technique ;
   - en menant des études de faisabilité et de programmation ;
   - en établissant, sur demande de la fonction technique, l'ensemble des plans et croquis d'exécution nécessaires à la réalisation des travaux ;
   - en élaborant le cahier des charges ;
   - en identifiant et sélectionnant les prestataires.
2. Préparer des budgets d'investissement et de fonctionnement.
3. Participer à l'implantation du nouveau matériel de production.
4. Assurer, sous la responsabilité de la direction industrielle et/ou technique, la coordination et le suivi de la réalisation des travaux neufs en particulier

en appréciant la conformité des réalisations au regard du cahier des charges.

5. Suivre l'évolution technologique des moyens à employer dans le cadre de la fonction.

Juridique – Fiscal

Appliquer les prescriptions techniques (normes et réglementations).

Qualité – Sécurité – Environnement

1. Réaliser les vérifications de contrôle par les organismes habilités.
2. Collaborer avec le responsable qualité pour la mise en place des procédures en lien avec ses domaines d'activités.
3. Mettre en place des indicateurs mesurant les performances de son service.
4. Intégrer lors des choix des investissements les contraintes liées à la sécurité et à l'environnement.
5. Rédiger les plans de prévention des prestataires intervenant dans le cadre de ses missions.
6. Avoir le souci constant d'améliorer la sécurité dans l'entreprise. Proposer à la direction industrielle et/ou technique toute mesure utile en matière de sécurité.
7. Collaborer avec la fonction « Sécurité » à l'élaboration des normes d'hygiène, de sécurité et de conditions du travail.

Divers

Assurer l'entretien courant des biens meubles et immeubles en minimisant :

- les temps d'arrêt machines ;
- les coûts d'intervention.

Outils

Informatique :

- suite bureautique ;
- messagerie ;
- outils d'analyse des coûts techniques, de planification et de conception assistée par ordinateur (CAO) ou de dessin assisté par ordinateur (DAO).

Favoris Intranet :

- sites des fournisseurs (matériels, prestataires, etc.) ;
- Code du travail ;

- professionnels.

Intranet :

- manuel qualité ;
- planning des entretiens préventifs ;
- suivi des contrats ou des travaux de maintenance :
  - parc machines ;
  - coût de la main-d'œuvre ;
  - coût des pièces ;
  - frais de déplacement et de séjour ;
  - temps de réparation et d'arrêt des matériels ;
  - état des causes de pannes et d'arrêts non programmés ;
  - statistiques et tableaux de bord correspondants.
- planning des travaux neufs ;
- fiches par machines des pièces de rechange nécessaires à la maintenance de premier niveau ;
- fiches par machines des tests de premier niveau à réaliser par les opérateurs ;
- plan de formation des opérateurs pour intervention de premier niveau ;
- suivi des certifications éventuelles des collaborateurs qualifiés ;
- liste des fournisseurs des pièces de rechange ;
- procédure d'intervention pour les cas soumis à risque :
  - électricité ;
  - gaz ;
  - produits chimiques ;
  - etc.
- cahier des charges des intervenants extérieurs ;
- suivi et gestion des équipes d'intervention extérieures ;
- stock des pièces détachées ;
- liste des matériels à soumettre aux épreuves techniques avec date d'échéance ;
- normes d'hygiène et de sécurité ;
- normes à satisfaire au niveau de l'environnement (eau, air…) ;
- spécifications standards pour les acquisitions de nouveaux matériels ;
- manuel qualité ;
- comptes rendus des audits qualité internes ;
- tableau de bord du contrôle qualité pour la partie le concernant.

Aptitudes

Organiser et répartir le travail d'une équipe de collaborateurs.

Développer des liaisons techniques et fonctionnelles.

S'organiser, gérer le temps pour mener les travaux dans les délais impartis.

Respecter rigoureusement les processus méthodologiques.

S'adapter aux nouvelles technologies.

Autres titres pour cette fonction

Responsable maintenance
Responsable entretien
Responsable travaux neufs
Chef de projet

Magasin

Fiche 08-09

Dans de nombreuses entreprises la distinction existe entre les magasins de produits finis et de matières premières ou composants. Il se peut que le responsable magasin n'ait pas exactement les mêmes missions. De plus, le responsable magasin des pièces du service maintenance a parfois une responsabilité d'organisation du travail des équipes de maintenance. Il n'est pas rare de voir un responsable magasin évoluer vers un poste de responsable logistique quand il gère les expéditions.

Il entre également dans la mission de certains responsables magasins de gérer les outillages (approvisionnements, affûtages, etc.).

Dans certaines industries, il se peut que la responsabilité du magasinier s'exerce également sur le débit des matières premières. Dans ce cas, le responsable peut avoir sous sa responsabilité des conducteurs de scie de débit, d'oxycoupeuse.

Normalement rattaché à la fonction « achats – approvisionnements », le titulaire du poste travaille en étroite liaison avec les fonctions « industrielle et/ou technique » et « planning – ordonnancement – lancement ».

Missions

Assurer sous la responsabilité de la fonction « achats – approvisionnements » que toutes les matières et pièces, tous les composants, qu'ils soient approvisionnés, usinés, sous-traités, parviennent aux utilisateurs aux dates permettant de garantir le délai de livraison des produits finis.

Rendre compte à la fonction « achats – approvisionnements ».

Attributions

Production

1. Optimiser le niveau des stocks :
   - matières (premières) et composants ;
   - produits approvisionnés ;
   - produits semi-finis fabriqués ou sous-traités ;
   - produits finis ;
   - consommables.

2. Assurer l'approvisionnement des différentes sections de l'atelier :
   - usinage : matières tenues sur aires prévues à cet effet à proximité des postes de travail concernés ;
   - montage : pièces mises à disposition sur palettes, dans des délais fixés en liaison avec le planning ;
   - outillage.
3. Vérifier la conformité de toutes les pièces entrant dans le magasin, à partir des procédures de qualification de la matière première et des spécifications techniques émises par le bureau d'études. Sont concernés :
   - la matière première ;
   - les pièces approvisionnées en sous-traitance ;
   - les pièces usinées par l'atelier ;
   - les outillages.
4. Prendre les mesures nécessaires pour protéger les pièces entrant dans le stock contre les dégradations (corrosion…).
5. Préparer les éléments pour permettre l'établissement des calculs des besoins (bruts et nets).
6. Assurer la responsabilité des quantités en magasin et de la tenue des stocks.
7. Veiller au maintien de la rigueur nécessaire pour que chaque mouvement de stock soit enregistré.
8. Organiser et réaliser les inventaires annuels, périodiques ou permanents.
9. Effectuer diverses analyses et études sur les stocks à la demande de la fonction « achats – approvisionnements ».
10. Assurer des conditions de rangement optimal permettant en particulier de retrouver facilement des pièces (étiquetage, classement, etc.).
11. Informer régulièrement le planning des délais des fournisseurs.
12. Assister la fonction « achats – approvisionnements » dans la sélection des fournisseurs capables de satisfaire les conditions de quantité, de conditionnement, de prix, de qualité et de délai d'approvisionnement.
13. Informer immédiatement la fonction « achats – approvisionnements » pour tout problème rencontré lors de la livraison (quantité, qualité, bris dus au transport…).
14. Informer la fonction « achats – approvisionnements » de toutes les relances de fournisseurs (dont sous-traitants) à effectuer dans le cadre du respect des délais.
15. Animer le magasinage, ce qui inclut :
    - la répartition des travaux entre les différentes personnes ;

- le respect des plannings de mise à disposition.

16. Veiller à l'entretien courant du matériel placé sous sa responsabilité et du magasin en général.

Comptabilité

1. Réaliser le suivi des commandes pour tous les produits (dont la sous-traitance), de la demande d'achat à la réception des produits sous l'autorité de la fonction « achats – approvisionnements » :
   - émettre les demandes d'achats et contrôler la validité des informations y figurant ;
   - assurer la responsabilité de la réception et du contrôle des livraisons ;
   - vérifier la conformité des bordereaux de livraison.
2. Renseigner et suivre pour le compte de la fonction « achats – approvisionnements » les performances des fournisseurs (respects des quantités, qualité, délais).

Qualité – Sécurité – Environnement

1. Mettre au point le tableau de bord, le valider avec son responsable direct. En assurer le suivi.
2. Collaborer avec le responsable qualité pour la mise en place des procédures en lien avec ses domaines d'activités.

Outils

Informatique :

- suite bureautique ;
- messagerie ;
- Outil GPAO.

Favoris Internet :

- sites des fournisseurs.

Intranet :

- manuel qualité ;
- plan des achats et approvisionnements ;
- données statistiques (statistiques de vente) ;
- résultat du calcul des besoins ;
- liste de stocks, des quantités économiques à approvisionner, des stocks de sécurité, des seuils de réapprovisionnement ;

- spécifications techniques des produits, normes à satisfaire ;
- procédures de qualification de la matière première ;
- nomenclatures ;
- fichier fournisseurs ;
- demandes d'achat ;
- planning des livraisons ;
- inventaire permanent quantitatif et valorisé ;
- tableau de bord de l'activité du service ;
- comptes rendus des audits qualité internes ;
- tableau de bord du contrôle qualité ;
- plan et suivi des actions et des groupes de travail concernant la qualité.

Aptitudes

Être capable de rendre compte.

Organiser et répartir le travail d'une équipe de collaborateurs.

Créer une relation de partenariat.

Développer des liaisons techniques et fonctionnelles.

Réagir rapidement aux problèmes.

Savoir prendre des engagements.

S'organiser, gérer le temps pour mener les travaux dans les délais impartis.

Respecter rigoureusement les processus méthodologiques.

Autres titres pour cette fonction

Responsable dépôt
Responsable du magasin stock
Chef d'entrepôt
Chef du magasin
Contremaître du magasin
Responsable des stocks
Responsable magasin maintenance

Direction industrielle et/ou technique

Fiche 09-01

Missions

Diriger et coordonner les activités de production et le développement technique de l'entreprise, ce qui inclut la supervision des services :

- de production/fabrication ;
- d'outillage ;
- de maintenance et d'entretien ;
- techniques fonctionnels :
  - méthodes ;
  - planning ;
  - ordonnancement ;
  - lancement.
- d'études et d'essais.

Optimiser le rapport (délai, qualité)/coût de la fabrication des produits.

Maximiser la productivité du parc machines et des ressources humaines dans la limite de ce qu'il est nécessaire de produire.

Avoir le souci constant de faire évoluer les processus de fabrication. Suivre l'évolution de la technologie. Être responsable et superviser les projets NTIC de son domaine tels que GPAO, CAO, CFAO…

Rechercher la motivation du personnel placé sous sa responsabilité.

Rendre compte à la direction générale.

Attributions

Commercial

Proposer à la direction générale :

- l'abandon ou les adaptations des produits et services commercialisés par la société ;
- le lancement de nouveaux produits et services.

Industriel

1. Participer à la définition de la politique industrielle et la mettre en œuvre.
2. Étudier et prévoir l'évolution des moyens de production de la société.

3. Proposer les investissements nécessaires au développement ou à l'amélioration de la production. Coordonner les études d'investissements industriels et participer au choix des investissements.
4. Optimiser l'utilisation des moyens de production déjà en place.
5. Analyser les coûts cachés en production et chercher à les minimiser.
6. Superviser ou, le cas échéant, organiser les analyses de la valeur effectuées sur les processus de fabrication ou les produits de l'entreprise.
7. Assister le service commercial dans la recherche de solutions techniques adaptées aux besoins spécifiques du client.
8. Proposer à la direction générale le traitement :
   - en négoce ;
   - en sous-traitance ;
   - en production propre.
9. Être responsable de la mise au point des nouveaux processus.
10. Être responsable de la mise au point des nouveaux produits.
11. S'informer de l'évolution de la technologie employée ou pouvant être mise en œuvre.
12. Superviser les projets Nouvelles Technologies de l'Information et de la Communication concernant la technique et la production (CAO, CFAO, GPAO, MAO…).
13. Établir les budgets annuels de production et des services techniques fonctionnels, en liaison avec la fonction administrative et financière, et selon le calendrier. Analyser les écarts. Mettre en œuvre les actions correctives.
14. Mettre au point son tableau de bord. En assurer le suivi et en soumettre l'analyse à la direction générale.
15. Superviser le service entretien – maintenance.
16. Superviser et coordonner l'activité des services études et méthodes.

Contrôle de gestion – planification

1. Définir en accord avec la fonction commerciale, les quantités optimales à mettre en fabrication.
2. Établir et actualiser le plan d'investissements à 3 ans. Le soumettre à la direction générale.
3. Respecter les procédures de comptabilité analytique et de contrôle de gestion de la société, en particulier :
   - viser l'ensemble des bons de commande concernant son service ;
   - vérifier la conformité des factures fournisseurs pour ses achats.

Production

1. Être responsable de l'organisation et des systèmes de production.
2. Être responsable des plannings de fabrication compte tenu des prévisions de ventes et des stocks de matières, d'en-cours et de produits finis, des objectifs d'engagement de l'outil de production.
3. Être responsable de l'amélioration de la productivité par le maintien d'un climat social favorable, la formation du personnel, la recherche des matériels, des méthodes de fabrication les plus performantes, les solutions les plus adaptées.
4. Veiller au respect des objectifs de production, des délais de fabrication acceptés.
5. Mettre en œuvre les moyens pour que la fonction commerciale soit informée de tout retard prévisible dans les délais de livraison indiqués aux clients.
6. Optimiser le bilan matière.
7. Informer la direction générale et la fonction commerciale de tout déséquilibre prévisible dans la charge de travail du personnel.
8. Informer la direction générale et la fonction commerciale de tout déséquilibre prévisible dans l'activité du matériel de production.
9. Assister la fonction achats-approvisionnement dans le choix des produits achetés, des fournisseurs et des sous-traitants. Élaborer ou faire élaborer les cahiers des charges afin d'optimiser ce choix.
10. Valider les spécifications techniques des produits achetés.
11. Contrôler les quantités à approvisionner.
12. Être responsable des interventions du service maintenance-entretien.
13. S'assurer de l'entretien préventif régulier du parc machines.
14. Coordonner l'implantation du nouveau matériel.
15. Tenir à jour l'inventaire du parc machines. Informer la fonction comptable de tout changement intervenant dans le parc machines de la société.
16. Initier et favoriser les idées nouvelles pour optimiser les performances de l'entreprise.
17. Superviser l'activité du service planning-ordonnancement-lancement.
18. Veiller au respect des délais.
19. S'assurer de la cohérence du planning par rapport à la réalité de la production et du carnet de commandes en cours.
20. Veiller à la mise à jour permanente du planning.

21. Favoriser l'émergence de nouvelles méthodes pour plus de réactivité et flexibilité.

Ressources humaines

Valider les modifications d'horaires de travail qui lui sont soumises par les chefs d'atelier.

Qualité – Sécurité – Environnement

1. Solliciter le responsable qualité pour l'amélioration des procédures du système qualité.
2. Veiller au respect des normes réglementaires de sécurité pour l'ensemble des installations existantes ou à implanter.

Délégation

1. Assurer, par délégation de la direction générale, ou après l'en avoir informée, une mission de représentation de la société.
2. Assurer les délégations de pouvoir selon les dispositions générales de la société.
3. Présider, par délégation de la direction générale, le comité d'hygiène, de sécurité et des conditions de travail.
4. Veiller à l'application des politiques de la société. Proposer à la direction générale les modifications qu'elle juge nécessaires.

Outils

Documents remis à la direction générale

Politique industrielle de l'entreprise (objectifs).

Plan d'investissements à 3 ans. Études d'investissements industriels.

Budgets annuels de production et des services fonctionnels techniques.

Tableaux de bord (reçus des responsables des services techniques fonctionnels et opérationnels et leur synthèse).

Documents formalisés, actualisés et disponibles

Plans, nomenclatures, codification (base de données techniques).

Programme de fabrication.

Tableau de bord (suivi de la production, retards).

État des stocks-inventaire permanent :

- matières premières ;

- en-cours ;
- produits finis.

Calcul des coûts de revient et des coûts prévisionnels :

- études sur les séries économiques ;
- études concernant le remplacement de matériel ;
- études d'implantations nouvelles.

Planning des groupes d'étude d'analyse de la valeur – analyse des résultats.

Plan directeur et documentation associée de tous systèmes en XAO en rapport avec la fonction technique.

Programme d'entretien préventif :

- tableau de bord du service entretien ;
- système de suivi des causes de pannes et d'arrêts non programmés ;
- coûts d'intervention.

Programmes de recherche à court, moyen et long termes – brevets d'invention.

Études techniques concernant les nouveaux procédés, matériaux, produits… et les nouvelles technologies.

Cahiers des charges pour les intervenants extérieurs.

Cahiers des charges des produits sous-traités :

- procédures de qualification de la matière première ;
- spécifications techniques des produits achetés.

Spécifications standards à respecter pour les investissements.

Plan de l'unité de production :

- inventaire du parc machines ;
- plan d'implantation des machines ;
- flux de circulation des matières premières.

Normes de sécurité et textes légaux à respecter.

Organigramme des services techniques.

Fiches de fonction de ses collaborateurs.

Plan de formation.

Manuel qualité.

Normes de qualité des produits.

Comptes rendus de revues de direction.

Contrats d'assurance de la qualité.

Comptes rendus des revues de contrats.

Comptes rendus des audits qualité internes.

Tableau de bord du contrôle qualité :

- coût de la non-qualité ;
- analyse du degré de satisfaction de la clientèle (fiabilité des produits, retards de livraison…) ;
- statistiques des interventions du SAV pour des problèmes de qualité ;
- tableaux de suivi budgétaire des actions relatives à la qualité ;
- classement chez les clients.

Plan et suivi des actions et des groupes de travail concernant la qualité.

Aptitudes

Suivre des processus méthodologiques rigoureux.

Intégrer des informations de sources variées.

Analyser et synthétiser des informations scientifiques et techniques.

Développer des liaisons techniques et relationnelles avec les autres.

Prendre des décisions innovantes ou anticipatoires pour adapter l'entreprise au changement.

Savoir prendre des avis avant de décider.

Entretenir un équilibre entre les fonctions de réflexion et d'animation.

Connaître les possibilités d'utilisation des outils informatiques.

Savoir déléguer.

Autres titres pour cette fonction

Directeur technique
Directeur industriel
Responsable de production
Responsable d'atelier
Directeur d'usine

Bureau des méthodes

Ce poste s'applique à plusieurs domaines : administratif, industriel, scientifique et technique.

Trop souvent cantonnée à la partie conception, la direction industrielle et/ou technique aura intérêt à utiliser les compétences de ce service pour l'amélioration des méthodes de travail, car il pourra apporter de la valeur ajoutée et accroître la productivité de l'entreprise en réduisant les coûts sans valeur ajoutée.

Le poste peut être en liaison directe avec la gestion de production.

Missions

Concevoir, étudier et perfectionner les méthodes et procédés de fabrication.

Assister la fonction « bureau d'études » dans la conception des machines et outillages spécifiques.

Optimiser, en tenant compte des coûts, l'organisation de la production, compte tenu :

- des effectifs de production ;
- des moyens de production mis en œuvre.

Rendre compte à la fonction industrielle et/ou technique.

Attributions

Industriel

1. Étudier les procédés de fabrication et définir les gammes opératoires.
2. Travailler en étroite liaison avec le bureau d'études, le service ordonnancement et les chefs d'atelier.
3. Définir les méthodes de fabrication et les moyens à mettre en œuvre (modes opératoires, matériels) à partir du dossier établi par le bureau d'études.
4. Participer à la mise en route et au suivi de la fabrication, ce qui inclut :

l'étude et la détermination des temps hommes et machines dans les différentes phases de fabrication d'un nouveau produit ;

la participation à la conception d'outillage spécifique permettant d'améliorer une fabrication.

5. Être responsable de l'organisation des postes de travail de l'usine.
6. Établir les plans d'implantation des machines et des outillages en collaboration avec les chefs d'atelier.
7. Proposer des modifications de méthodes de fabrication afin d'améliorer la productivité et la qualité, de diminuer les rebuts, les nuisances, de minimiser les temps de changement d'outils, d'être plus souple et plus réactif.
8. Constituer et maintenir à jour une base de données des gammes opératoires et des postes de charge.
9. Être responsable de la production des programmes pour les machines à commandes numériques et des outils d'optimisation permettant d'utiliser au mieux les matières premières (exemples : mise en tôle, optimisation de découpe...).
10. Assurer la gestion du stock outillage des machines-outils à commandes numériques.
11. Superviser la préparation des débits et notamment la fourniture matière.
12. S'informer de l'évolution de la technologie des matériels utilisés ou à utiliser.

Contrôle de gestion – Planification

1. Coordonner les études sur les temps de fabrication, la productivité et la sécurité.
2. Assurer les chronométrages et opérer les correctifs nécessaires.
3. Définir les normes de productivité et de rendement du personnel de production et du matériel.
4. Définir le potentiel de production de la société par lignes de produits.
5. Déterminer les standards de production entrant dans le calcul des coûts de revient.
6. Étudier la réduction et maîtriser les coûts de revient.
7. Participer à l'élaboration des coûts prévisionnels des nouveaux produits à partir des éléments standards de production et de la base de données des gammes opératoires.
8. Assurer le suivi et l'exploitation des comptes rendus de production.

Qualité – Sécurité – Environnement

Collaborer avec le responsable qualité à l'établissement et à la tenue à jour des procédures pour maîtriser tous les documents et toutes les données du service méthodes qui ont trait aux exigences de l'assurance qualité.

Outils

Informatique :

- suite bureautique ;
- messagerie ;
- logiciels propriétaires de conception de gammes.

Favoris Internet :

- sites des fournisseurs de matières premières et d'accessoires ;
- sites des fournisseurs de machines et d'outillage ;
- forums d'entraide ;
- etc.

Intranet :

- manuel qualité ;
- gammes opératoires ;
- postes de charges ;
- plans d'implantation des moyens de production ;
- suivi de fabrication (temps hommes, temps machines) ;
- études des postes et résultats des chronométrages ;
- normes de productivité et de rendement du personnel de production et du matériel ;
- définition du potentiel de production par ligne de produits ;
- standard de production entrant dans le calcul des coûts de revient ;
- abaques de différentes ressources (machines et hommes) et méthodes propres (MTM…) ;
- plans de gabarits de soudage, de montage…
- programmes de machines-outils à commandes numériques (CNC) ;
- budget du service ;
- éventuellement normes de calcul des salaires au rendement ;
- normes de qualité des produits ;
- comptes rendus des revues de contrats ;
- comptes rendus des audits qualité internes ;
- tableau de bord du contrôle qualité :
  - coût de la non-qualité ;
  - analyse du degré de satisfaction de la clientèle (fiabilité des produits, retards de livraison…) ;

– statistiques des interventions du SAV pour des problèmes de qualité ;
– tableaux de suivi budgétaire des actions relatives à la qualité ;
– etc.

- planning des travaux de service ;
- tableau de bord du service ;

Aptitudes

Savoir échanger des informations avec ses collaborateurs.

Analyser, synthétiser, mémoriser des informations techniques et organisationnelles.

Se conformer à des processus méthodologiques rigoureux.

Développer des liaisons techniques et relationnelles avec l'environnement de travail.

Autres titres pour cette fonction

Chef de la préparation
Responsable de l'optimisation
Responsable de l'organisation
Responsable de la préparation
Responsable méthodes

Management atelier

Pour créer la fiche de poste il convient d'intégrer les fonctions « base commune » (fiche 10-05) et « encadrement » (fiche 10-01).

Missions

Diriger un atelier de fabrication, ce qui inclut :

- la répartition des travaux entre les différents opérateurs, voire chefs d'équipe ;
- l'approvisionnement en matière et/ou composants ;
- le respect des plannings de fabrication ;
- le respect des normes de qualité des produits fabriqués ;
- le respect des objectifs de coût de fabrication ;
- l'assistance technique au personnel sous sa responsabilité.

Être responsable de l'entretien du parc machines de son atelier.

Veiller au maintien d'un bon climat social dans son atelier.

Rechercher la motivation du personnel placé sous sa responsabilité.

Rendre compte à la fonction industrielle et/ou technique.

Attributions

Industriel

1. Optimiser la productivité de son personnel : organisation des flux, organisation des postes de travail.
2. Proposer des solutions pour optimiser les procédés de fabrication existants.
3. Assister la fonction « achats – approvisionnements » dans le choix des matériels et des fournitures concernant son atelier.
4. Assister la fonction « méthodes » pour définir les méthodes de fabrication de son atelier.
5. Organiser l'ensemble des postes de travail de son atelier et l'implantation du nouveau matériel.

Production

1. Coordonner les lancements en fabrication de son atelier.

2. Porter assistance, en particulier par des actions de formation, à ses collaborateurs.
3. Étudier et analyser les documents relatifs à la production.
4. Organiser l'approvisionnement en matière et/ou composants et consommables des différents postes de travail.
5. Contrôler les consommations matières. Prendre les mesures nécessaires afin de les optimiser.
6. Veiller au respect des délais de fabrication qu'il a acceptés.
7. Informer la fonction « ordonnancement » de tout aléa survenu dans la fabrication et de retard (ou avance) prévisible dans les délais de fabrication.
8. Veiller au respect des objectifs (qualitatifs et quantitatifs) de production et de coûts.
9. Mettre en œuvre toutes les actions correctives nécessaires en cas de non-respect des objectifs. Expliquer les écarts.
10. Assurer l'inventaire physique de son atelier.
11. Assurer l'entretien courant du matériel de production de son atelier (graissage, petits dépannages...). Former et veiller à la compétence du personnel de production placé sous sa responsabilité pour ce type d'intervention.
12. Travailler en étroite collaboration avec la fonction « maintenance – entretien », pour garantir le bon état de fonctionnement du matériel. En particulier, s'organiser pour rendre disponible son matériel lors des programmes de maintenance préventive.
13. Tenir à jour l'inventaire de son parc machines.
14. Assurer par délégation de la fonction « achats – approvisionnements », la gestion de certains stocks (par exemple : pièces détachées, etc.) et l'assister pour définir les quantités à approvisionner.
15. Viser l'ensemble des demandes d'achat concernant son atelier et recevoir la copie des commandes.

Contrôle de gestion – Planification

1. Assister la fonction méthodes pour la définition du potentiel de production, des normes de productivité et de rendement du matériel et du personnel de son atelier, ainsi que des données standards entrant dans le calcul du coût de revient.
2. Préparer les budgets annuels de son atelier en collaboration avec son responsable direct et la fonction contrôle de gestion, et selon un calendrier qui lui est communiqué.

3. Assurer le suivi précis et quotidien de l'activité des équipes sous sa responsabilité :
   - compte rendu d'activité à travers les bons de travaux ;
   - calcul des écarts par rapport aux temps alloués.
4. Établir les documents nécessaires à l'analyse et au calcul des coûts qui lui sont demandés par la fonction administrative et financière (ex : ventilation par affaire des heures de main-d'œuvre effectuées).

Gestion des ressources humaines

1. Assurer le transfert de compétences entre ses collaborateurs.
2. Appliquer et faire appliquer les procédures permettant d'identifier les besoins en formation et de pourvoir à la formation de tout le personnel placé sous sa responsabilité.

Climat social

1. Appliquer la politique de communication interne de l'entreprise.
2. Anticiper les réunions des représentants du personnel afin que le personnel élu puisse y assister.
3. Assurer un premier niveau de contact avec les représentants du personnel.

Qualité – Sécurité – Environnement

1. Veiller au respect des normes réglementaires et de sécurité pour les installations de son atelier.
2. Être garant du contrôle qualité dans son atelier.
3. Appliquer et faire appliquer les procédures de collecte des informations relatives à la qualité.
4. Engager des actions correctives en temps utile pour remédier aux déficiences trouvées lors des audits qualité.
5. Initier des groupes de travail sur des sujets présentant un potentiel d'amélioration.

Outils

Informatique :

- suite bureautique ;
- messagerie ;
- outil de conception ;
- base de données.

Favoris Internet :

- sites des fournisseurs de matières premières et d'accessoires ;
- sites des fournisseurs de machines et d'outillage ;
- etc.

Intranet :

- manuel qualité et particulièrement les procédures de conception ;
- budget (objectifs de production et de coûts) ;
- planning de fabrication ;
- tableau de charge ;
- dossier de fabrication :
  - bordereau de lancement ;
  - fiche suiveuse ;
  - plans, nomenclatures, gammes ;
  - bons de sortie matière ;
  - bons de travaux ;
  - bons de contrôle ;
  - avis de finition.
- tableau des effectifs – capacité de production ;
- fiches de poste ;
- tableau de bord de la production :
  - suivi des rendements ;
  - suivi des incidents ;
  - calcul et analyse des écarts ;
  - coût de la non-qualité ;
  - analyse du degré de satisfaction de la clientèle (fiabilité des produits, retards de livraison…) ;
  - tableaux de suivi budgétaire des actions relatives à la qualité ;
  - etc.
- inventaire permanent :
  - du parc machines ;
  - des encours ;
  - des outillages.
- planning d'entretien préventif et des contrôles de sécurité à faire effectuer ;
- suivi des qualifications particulières des opérateurs (soudeurs…) ;
- normes de qualité des produits ;

- comptes rendus des audits qualité internes ;
- plan et suivi des actions et des groupes de travail concernant la qualité ;
- etc.

Aptitudes

Entraîner son équipe à adhérer au projet d'entreprise.

Organiser et répartir le travail d'une équipe de collaborateurs.

Échanger des informations avec les collaborateurs.

Analyser et synthétiser des problèmes d'ordre technique, organisationnel et relationnel.

Se conformer à des processus d'organisation rigoureux.

Développer des liaisons techniques et fonctionnelles.

S'adapter aux nouvelles technologies.

Autres titres pour cette fonction

Cadre d'atelier/contremaître de fabrication/production
Chef du garage
Contremaître d'atelier
Responsable de l'atelier

Management ligne de fabrication

Missions

Conduire une ligne de fabrication composée de plusieurs machines.

Optimiser la fabrication en termes de coûts, délais, qualité et quantité.

Garantir que toutes les conditions optimales de production sont réunies pendant son poste.

Assumer la gestion des aléas quantitatifs, qualitatifs et techniques durant son poste.

Rendre compte, selon la structure, au responsable de production ou au chef d'équipe dont dépend la ligne de fabrication.

Attributions

Ligne de fabrication

1. Veiller à la répartition du personnel sur les différents postes et organiser le travail.
2. S'assurer de la bonne réalisation des fonctions de conduite et de contrôle process de sa ligne.
3. Anticiper et assurer les changements prévus au moment opportun, et contrôler que toutes les opérations de changement (outillages et longs réglages) et d'approvisionnement (consommables…) sont effectuées.
4. Donner les instructions à suivre en cas d'aléas pour minimiser les temps d'arrêt de production tout en garantissant la qualité du produit.
5. Décider des mesures correctives à prendre en cas de défaut qualité pour :
   - supprimer le défaut ;
   - isoler la production, les matériaux ou les produits suspectés.
6. Faire assurer l'approvisionnement de la ligne et superviser le contrôle des matériaux employés.
7. Demander l'intervention de la maintenance lors d'incidents techniques hors de sa compétence.
8. Fournir les données de gestion de son poste (résultats de production).
9. Assurer l'état de propreté de la ligne avant de quitter son poste, lors d'un arrêt prolongé.
10. Respecter et faire respecter les consignes d'hygiène et de sécurité.

11. Optimiser la conduite de sa ligne de production : cadence nominale, respect de la qualité du produit et minimisation du rebut.
12. Initier et participer aux actions de progrès dans son domaine.
13. Participer à la détermination des objectifs de production dont il est responsable (coûts, délais, qualité, quantité) ainsi qu'aux projets d'investissements.
14. Animer et gérer l'équipe de fabrication (communiquer, diriger, encadrer, former, informer, participer aux recrutements).

Qualité

1. Être garant du contrôle qualité en ligne.
2. Appliquer et faire appliquer les procédures qualité aux collaborateurs sous sa responsabilité :
   - maîtrise des documents ;
   - traçabilité ;
   - maîtrise des procédés ;
   - assurance concernant les contrôles du produit mis en œuvre ;
   - contrôles et essais en cours de fabrication ;
   - contrôles et essais avant livraison ;
   - suivi du produit non conforme.
3. Collaborer avec le responsable qualité pour rechercher la cause du produit non conforme et les actions correctives nécessaires pour en éviter le renouvellement.
4. Appliquer et faire appliquer :
   - les procédures de collecte des informations relatives à la qualité ;
   - les procédures de manutention, de stockage, de conditionnement et de livraison du produit ;
   - les méthodes de manutention qui empêchent l'endommagement ou la détérioration.
5. Engager des actions correctives en temps utile pour remédier aux déficiences trouvées lors des audits qualité.
6. Solliciter le responsable qualité pour l'établissement et la tenue à jour des procédures permettant d'identifier les besoins en formation et de pourvoir à la formation de tout le personnel sous sa responsabilité, chargé d'une activité ayant une incidence sur la qualité.

Production

Outils

Informatique :

- GPAO ;
- messagerie.

Intranet :

- manuel qualité pour la partie le concernant ;
- comptes rendus des audits qualité internes ;
- plan et suivi des actions et des groupes de travail concernant la qualité ;
- plan et suivi des actions de maintenance ;
- compte rendu et analyse des résultats de la ligne dont il a la charge ;
- plan de formation des opérateurs.

Tableau d'affichage

- Tableau de bord de son secteur
- Tableau de bord du contrôle qualité
  - coût de la non-qualité
  - tableaux de suivi budgétaire des actions relatives à la qualité
- Indicateurs de performance

Aptitudes

Suivre des processus méthodologiques rigoureux.

Intégrer des informations de sources variées.

Analyser et synthétiser des informations scientifiques et techniques.

Développer des liaisons techniques et relationnelles avec les autres.

Autres titres pour cette fonction

Pilote/chef de ligne/chaîne/unité de production/fabrication
Adjoint au chef/responsable/ingénieur de (département) fabrication/production
Chef d'équipe
Agent technique
Chef/responsable/ingénieur de (département) fabrication/production
Chef d'exploitation industrie

Il convient d'affiner la fiche de poste en tenant compte des spécificités de l'entreprise, du secteur d'activité… tant la variété est grande.

Missions

Maintenir l'outil de production au maximum de ses capacités dans les domaines qui sont les siens.

Mettre en œuvre l'outil de production et en assurer le bon fonctionnement.

Contrôler la qualité de la production.

Rendre compte à son responsable de ligne (ou chef d'équipe).

Attributions

Production

1. Étudier les consignes de production données par son supérieur.
2. Régler son outil de production avant sa mise en œuvre et/ou après un contrôle.
3. Conduire l'outil de production :
   - en veillant à sa bonne alimentation en matières premières et en accessoires ;
   - en surveillant la cadence imposée ;
   - en surveillant le bon fonctionnement ;
   - en évacuant et conditionnant la production si nécessaire.
4. Prévenir son supérieur en cas :
   - de problème (arrêt, bourrage, interrogation, ralentissement, etc.) ;
   - d'anomalie liée à sécurité.
5. Réaliser les interventions de maintenance et de dépannage pour lesquelles il a été formé.
6. Effectuer les contrôles prévus.
7. Maintenir le lieu de travail propre.
8. Respecter son outil de production.
9. Entretenir son outillage et son outil de production.

Qualité – Sécurité – Environnement

1. Renseigner les documents ou les fichiers prévus (fiche de contrôle, fiche d'arrêt de production, rapport de production, etc.).
2. Respecter scrupuleusement les consignes de sécurité en cas d'ensemble automatisé.

Outils

Outillage à main.

Intranet :

- manuel qualité pour la partie le concernant ;
- comptes rendus des audits qualité internes ;
- plan et suivi des actions et des groupes de travail concernant la qualité ;
- plan et suivi des actions de maintenance.

Tous les documents liés au management de la qualité :

- fiche de contrôle ;
- fiche d'arrêt de production ;
- rapport de production ;
- etc.

Tableau d'affichage :

- tableau de bord de son secteur ;
- tableau de bord du contrôle qualité :
  - coût de la non-qualité ;
  - tableaux de suivi budgétaire des actions relatives à la qualité.
  - indicateurs de performance.

Aptitudes

Respecter rigoureusement les processus méthodologiques.

Maintenir son attention malgré des tâches peu variées.

Autres titres pour cette fonction

Opérateur de production
Agent de fabrication
Opérateur d'îlot de production

Encadrement de personnel

Fiche 10-01

Cette fiche ne décrit pas un poste mais la fonction d'encadrement. Elle vient en sus de la ou des fiches décrivant un poste. Si, par exemple, le responsable qualité encadre trois personnes, sa fiche de poste sera élaborée à partir de la fiche de fonction « Responsable qualité » et de celle-ci.

Si nécessaire, il est important de clairement préciser les responsabilités qui sont liées au poste. Il s'agit en particulier d'attirer l'attention des titulaires sur leur responsabilité, notamment dans le cadre de malfaçons, d'accidents du travail ou de pollution qui peuvent avoir des conséquences pénales.

Cette rubrique complète les différentes fiches où le renvoi est spécifié.

Missions

Organiser et optimiser le travail.

Assurer les tâches courantes de gestion des ressources humaines.

Assurer un bon niveau de climat social.

Faire respecter l'application des règles de l'entreprise.

Attributions

Gestion des ressources humaines

1. Proposer au responsable dont il dépend les modifications d'horaires de travail.
2. Proposer au responsable dont il dépend, et après consultation de la fonction personnel :
   - les embauches ;
   - les mutations ;
   - les promotions, les évolutions de classification ;
   - les ajustements de rémunérations ;
   - les licenciements ;
   - et toute sanction disciplinaire pour le personnel dont il a la responsabilité.
3. Établir, après en avoir référé au responsable dont il dépend, les définitions de fonction des collaborateurs.

4. Établir, après en avoir référé au responsable dont il dépend, l'organigramme du service.
5. Assurer la motivation du personnel sous sa responsabilité.
6. Tenir à jour le tableau des compétences et de polyvalence.
7. Déterminer les besoins de son personnel en formation.
8. Établir le plan de formation dans le cadre des budgets qui lui sont alloués. Procéder à l'évaluation des actions de formation suivies par son personnel.
9. Susciter l'information montante par la consultation de ses subordonnés. Assurer la diffusion de l'information descendante dans son service. S'assurer de la qualité de la communication.
10. Réaliser les entretiens annuels d'appréciation avec les personnes placées sous sa responsabilité.
11. Gérer les congés payés en veillant à assurer la continuité des activités.
12. Produire les informations nécessaires à la fonction personnel pour le calcul de la paye et la gestion du personnel (absences, congés, etc.) concernant les personnes de son service.
13. Proposer les adaptations du règlement intérieur, le faire respecter et rendre compte à son supérieur en cas de difficulté.
14. Recenser les besoins en personnel et les soumettre à son responsable.

Délégation

Déléguer une partie de ses pouvoirs à un membre du personnel dans un ou plusieurs domaines. La délégation doit être accompagnée de moyens, c'est-à-dire que le délégataire devra au minimum être qualifié et pouvoir prendre, de manière autonome, les mesures qui s'imposent pour assumer les responsabilités liées à cette délégation. De plus, cette délégation devra être formalisée (par écrit et cosignée).

Remarque

Une délégation doit être suivie.

Qualité – Sécurité – Environnement

1. Prévenir la fonction personnel concernant les accidents du travail et/ou les maladies professionnelles.
2. Favoriser la prévention des accidents du travail par tous les moyens adaptés et validés par le responsable dont il dépend.
3. Faire respecter les procédures d'hygiène, de sécurité et de conditions du travail.

4. S'assurer que la formation sécurité est dispensée aux nouveaux embauchés ainsi qu'au personnel changeant de poste.
5. Faire toutes propositions susceptibles d'améliorer les conditions d'hygiène et de sécurité.
6. Faire respecter les procédures environnementales.
7. Appliquer et faire appliquer l'ensemble des procédures qualité sur lesquelles sa responsabilité s'exerce.
8. Inviter à participer à toutes études de nature à atteindre l'objectif « QUALITÉ TOTALE ».
9. Suivre les activités à travers le tableau de bord comportant les indicateurs de performances préalablement négociés.

Climat social

1. Prévenir et gérer les conflits de toute nature. Rendre compte en cas de besoin.
2. Transmettre l'information diffusée par la direction.

Outils

Informatique :

- suite bureautique ;
- messagerie.

Intranet :

- organigramme du service ;
- fiches de fonction ;
- tableau des compétences (qui peut faire quoi ?) ;
- tableau de polyvalence ;
- plan de formation ;
- plan d'embauche ;
- état de présence ;
- plan de congés ;
- éléments nécessaires pour le calcul de la paye du personnel ;
- documents d'évaluation.

Aptitudes

Maîtriser parfaitement les outils bureautiques.

Savoir prendre des initiatives.

Savoir déléguer.

Entretenir un équilibre entre les fonctions de réflexion et d'animation.

Savoir prendre des avis avant de décider.

Cadre

Cette fiche peut être utilisée comme *addendum* pour des postes dont le titulaire a le statut « cadre ».

Le titulaire doit avoir une formation de niveau supérieur, sanctionnée par un diplôme, ou bien possède une expérience et des connaissances professionnelles élevées dans sa spécialité.

Il a une vision globale, claire et dynamique de la rentabilité et de la compétitivité de l'entreprise. Il a un souci permanent des facteurs économiques, politiques, sociaux et humains qui conditionnent son fonctionnement.

Il a conscience des facteurs de transformation de la société, du rôle que l'entreprise et son encadrement peuvent y jouer.

Missions

Représenter la direction auprès des employés.

Représenter l'entreprise à l'extérieur.

Faire passer l'intérêt général avant l'intérêt particulier (de son service par exemple…).

Adhérer aux objectifs de l'entreprise.

Assurer un rôle gestionnaire et organisateur.

Attributions

Climat social

Si le titulaire est responsable hiérarchiquement d'autres cadres, leur communiquer les objectifs généraux, les finalités collectives et individuelles qui permettent à chacun de donner un sens au travail réalisé.

Gestion ressources humaines

1. Si le titulaire est responsable hiérarchiquement d'autres cadres :
   - les intégrer dans un plan de formation et de perfectionnement professionnel et humain : stages, voyages d'études, séminaires, etc.
   - leur communiquer leurs objectifs et leurs indicateurs de performance.
   - procéder à l'évaluation annuelle de leurs performances en appliquant la procédure.
   - les consulter lors du recrutement de leurs collaborateurs.

- valider les fiches de fonctions présentées.
- leur communiquer les informations d'ordre général nécessaires pour tenir efficacement leur rôle.
- leur communiquer les objectifs à court et moyen termes, leur justification, ainsi que les budgets correspondants.

2. Mobiliser son équipe et être un meneur d'hommes :
   - en sensibilisant son équipe aux notions de formation, qualité, production et productivité, réactivité… de façon à faire participer tout le personnel à l'évolution de l'entreprise ;
   - en stimulant la réflexion, en incitant le personnel, chaque fois que l'occasion se présente, à jouer un rôle actif.
3. Conseiller ses collaborateurs en amont en en aval.

Délégation

Accepter une délégation de pouvoirs adaptée à sa mission, notamment en ce qui concerne les signatures, les responsabilités sécurité, environnement… et la gestion de ses budgets.

Contrôle de gestion – Planification

Établir les programmes et budgets de son service à court et à moyen termes en ayant conscience des engagements pris envers et au nom de l'entreprise.

Développement

1. Améliorer l'efficience par la recherche constante d'améliorations et d'innovations dans tous les domaines.
2. Structurer les actions afin qu'elles convergent vers les objectifs définis.
3. Intervenir de manière active dans son domaine de compétences (production, finances, R & D…).
4. Définir et faire évoluer les méthodes de travail.

Qualité – Sécurité – Environnement

1. Fixer des objectifs clairs et mesurables.
2. Évaluer régulièrement les résultats des actions réalisées, mesurer les écarts et mettre en œuvre les actions correctives.

Outils

Informatique :

- suite bureautique ;

- messagerie.

Intranet :

- organigramme du service ;
- fiches de fonction ;
- plan de formation ;
- plan d'embauche ;
- documents d'évaluation ;
- tous documents nécessaires à lui donner une vision globale :
  - budgets ;
  - plans ;
  - etc.

Aptitudes

Argumenter et convaincre.

Présenter une image positive de l'entreprise.

Entraîner son équipe à adhérer au projet d'entreprise.

Analyser des informations.

Savoir prendre des initiatives.

Savoir déléguer.

Entretenir un équilibre entre les fonctions de réflexion et d'animation.

Savoir prendre des avis avant de décider.

Percevoir et synthétiser des problèmes.

Faire preuve de créativité et d'anticipation pour concevoir et formuler des propositions.

Organiser et répartir le travail d'une équipe de collaborateurs.

Échanger des informations avec les collaborateurs.

Réagir rapidement aux problèmes.

S'adapter à des partenaires variés.

Accepter les imprévus et rechercher les solutions.

Être autonome et prendre des initiatives.

Évaluer les risques.

Garder son calme et réagir avec sang-froid et rapidité.

Être rigoureux dans les processus de gestion du personnel.

Se tenir informé des évolutions dans son domaine.

Juger avec objectivité et accepter de l'être.

Se remettre en cause.

Être disponible au changement économique, social.

Garder la maîtrise de soi : verbale et comportementale.

Être ambitieux.

Se préparer aux promotions que l'entreprise pourra lui proposer.

Agent d'encadrement

Fiche 10-03

Cette fonction correspond à une personne au statut « employé ».

Missions

Représenter la direction auprès d'une équipe d'ouvriers ou d'employés.

Animer et commander son équipe.

Mettre en œuvre les moyens, tant humains que matériels, dont il dispose pour accomplir les missions qui lui sont confiées par son responsable direct, dans les meilleures conditions de coût, de qualité et de sécurité.

Rendre compte à son supérieur hiérarchique (accomplissement des tâches, évènement particulier, etc.).

Attributions

Gestion des ressources humaines

1. Veiller à la formation et au perfectionnement de son personnel en ayant le souci permanent de l'adaptation titulaire-poste.
2. Proposer à son supérieur hiérarchique les sanctions, les augmentations de salaire, ainsi que les promotions concernant le personnel qu'il dirige.
3. Suggérer à son supérieur hiérarchique toutes mesures permettant d'améliorer les conditions de travail de ses subordonnés.
4. Superviser l'accueil, la formation et l'intégration des nouveaux embauchés, des intérimaires, et plus généralement de toutes personnes intervenant sous sa responsabilité.
5. Organiser, diriger et contrôler le travail de son équipe en assurant la discipline et la sécurité dans le cadre des règlements en vigueur.
6. Collaborer au choix de ses subordonnés.

Développement

1. Suggérer à son chef toutes mesures permettant d'améliorer la productivité.
2. Collaborer à l'élaboration des décisions concernant son secteur.

Délégation

Accepter une délégation de pouvoirs dans les limites fixées par son supérieur hiérarchique direct.

Outils

Informatique :

- suite bureautique ;
- messagerie.

Favoris Internet :

- sites techniques relevant de ses domaines d'activités.

Intranet :

- fiches de fonction ;
- tableau de polyvalence ;
- objectifs à court terme.

Aptitudes

Savoir prendre des avis avant de décider.

Argumenter et convaincre.

Entraîner son équipe à adhérer au projet d'entreprise.

Organiser et répartir le travail d'une équipe de collaborateurs.

Échanger des informations avec les collaborateurs.

Réagir rapidement aux problèmes.

Accepter les imprévus et rechercher les solutions.

Se tenir informé des évolutions dans son domaine.

Juger avec objectivité et accepter de l'être.

S'organiser, gérer le temps et les ressources pour réaliser les travaux dans les délais et les budgets impartis.

Agent technique

L'agent technique, un personnel à statut « employé », n'exerce pas de commandement direct, mais est lui-même placé sous les ordres d'un cadre ou d'un agent d'encadrement.

Il doit posséder, soit une formation professionnelle (du CAP au diplôme supérieur), soit toute autre formation reconnue équivalente, à l'exclusion de la seule formation « sur le tas ».

Missions

Assurer l'exécution des tâches techniques relevant de sa spécialité.

Donner des conseils techniques auprès d'autres services ou collaborateurs.

Rendre compte à son supérieur hiérarchique (accomplissement des tâches, évènement particulier, etc.).

Attributions

Développement

1. Effectuer des études à caractère technique spécifique.
2. Suggérer à son responsable toutes mesures permettant d'améliorer la productivité.
3. Collaborer à l'élaboration des décisions concernant son secteur.
4. Se tenir en permanence au courant de l'évolution technique de sa spécialité.

Délégation

Accepter une délégation de pouvoirs dans les limites fixées par son supérieur hiérarchique direct.

Divers

1. Exécuter lui-même des travaux tels que plans, programmes… en rapport avec sa spécialité.
2. Préparer des travaux à exécuter.
3. Contrôler l'exécution de certains travaux.

Outils

Informatique :

- messagerie.

Intranet :

- organigramme du service ;
- fiches de fonction ;
- tableau de polyvalence ;
- objectifs à court terme.

Aptitudes

Argumenter et convaincre.

Échanger des informations avec les collaborateurs.

Réagir rapidement aux problèmes.

Accepter les imprévus et rechercher les solutions.

Se tenir informé des évolutions dans son domaine.

S'organiser, gérer le temps et les coûts pour réaliser les travaux dans les délais impartis.

Base commune

Fiche 10-05

Cette fiche complète toutes les autres fiches de poste. Elle a pour but de rappeler l'ensemble des devoirs minimaux d'un salarié.

Si nécessaire, il est important de clairement préciser les responsabilités (même pénales) qui sont liées au poste. Il s'agit en particulier d'attirer l'attention des titulaires sur leur responsabilité, notamment dans le cadre de malfaçons, d'accidents du travail ou de pollution qui peuvent avoir des conséquences pénales.

Mission

Tenir la fonction pour laquelle il est rémunéré.

Attributions

Gestion des ressources humaines

1. Se tenir informé des évolutions de toutes les nouvelles techniques pouvant avoir un impact sur son poste.
2. Proposer toutes évolutions et déterminer les moyens à mettre en œuvre pour assumer l'ensemble des responsabilités qui lui incombent. Les soumettre à son responsable.
3. Suivre les formations auxquelles il est invité.
4. Respecter le règlement intérieur de la société.

Délégation

En cas de délégation d'une partie des pouvoirs de son responsable, il peut exiger au besoin qu'elle soit formalisée (domaines, moyens, cosignature).

Qualité – Sécurité – Environnement

1. Participer à toutes études de nature à atteindre l'objectif « QUALITÉ TOTALE ».
2. Rendre compte de ses activités à travers les indicateurs de performances préalablement négociés.
3. Respecter les procédures d'hygiène, de sécurité et de conditions du travail.
4. Respecter les procédures environnementales.
5. Proposer tout investissement de nature à accroître la sécurité du personnel, le respect des normes environnementales.

6. Appliquer le système de management de la qualité.

Climat social

Rendre compte à son responsable des problèmes pouvant avoir un impact sur sa motivation ainsi que sur celle de son équipe.

Contrôle de gestion – Planification

Respecter les procédures de comptabilité analytique et de contrôle de gestion de la société.

Aptitudes

Être loyal.

Être discret sur les informations reçues.

Savoir prendre des engagements.

Savoir tenir ces engagements.

www.ingramcontent.com/pod-product-compliance
Lightning Source LLC
Chambersburg PA
CBHW061154220326

41599CB00025B/4483
9782212539363